教育家书院 丛书 · 研究系列

顾明远／主编

曹彦彦◎著

山谷中的一所学校

教育科学出版社

·北 京·

北京市教育科学"十二五"规划单位资助校本研究专项课题"提升远郊区县中学教师教育创新能力的实践研究"（BBB15039）核心成果

北京市门头沟区领军人才培养资助项目

为教育家的成长搭台

教育家书院成立的宗旨，就是想为那些热爱教育事业，长期从事教育工作，做出了优异的成绩，有自己的教育思想和先进理念，希望进一步对教育有所研究，并且形成了自己教育风格的优秀教师、校长成长为教育家，搭建一个平台。

教育家不是随着教龄的增长而自然成长的，学习和提升是教育家成长的必由之路。只有不断学习钻研，不断反思自己的教育行为，总结提高，上升为理性认识，才能有成熟的经验和理论，才能有自己的教育风格。优秀教师要提高，不能只围绕着中小学的教材转，也不能只是学习教育理论，更重要的是要提高整体素养，养成教育家的气质。教育既是科学，又是艺术，艺术需要有点悟性，教育也需要有点悟性。悟性从哪里来？就是从整体素养中来。

掌握教育规律是一名教育家成长的必由之路。教育家书院就是要帮助一批优秀校长和教师在繁忙的教育教学工作之余，能够静下心来，读一点书，听一些各领域专家的讲演，考察一些国内外的学校，以扩大他们的视野，提升业务水平。通过考察、讨论、研究使他们对教育现象的感性认识上升到知性认识，再提高到理性认识。仅有教育经验不能成为教育家，只是一名教书匠。教育家必须有对教育规律的理性认识，并在教育实践中不断实践，不断提升，悟出教育的真谛。

在教育家书院这个学习园地里，兼职研究员不是单向地学习，而是互相学习，互相切磋，共同提高。在北京师范大学（以下简称"北师大"），每年有几千名新教师要走出校门奔向全国各地的中小学校，还有几百名在职攻读教育硕士学位的教师。他们不仅需要学习教育理论，提升学科知识水平，而且要理论联系实际、学与思结合、知与行结合。教育家书院的兼职研究员也给北师大进行教育学习和研究的师生带来了鲜活的经验，有利于改造他们的学习。

为了给兼职研究员创造更多学习、交流和提升的机会，教育家书院的主要活动包括以下几方面。

一是高端学术讲座和研讨。邀请来自教育学、心理学、哲学、经济学、社会学、文学、历史学、自然科学等各个领域的专家为兼职研究员开设讲座或与他们进行座谈。

二是名师名校长讲席。请兼职研究员向北师大的师生介绍他们的教育思想、办学理念和教育教学经验。

三是学校诊断与改进系列活动。组织专家对兼职研究员所在学校及地区的教育教学情况进行全面的考察和诊断，形成诊断和改进报告反馈给学校。在此基础上，收集大量不同地区、不同类型、不同年段的学校诊断案例，形成学校改进的理论模型。

四是国际教育考察。组织兼职研究员到有教育特色的国家进行实地考察，通过观摩课堂教学、与师生及教育行政机构的人员进行座谈等活动，体会不同的文化和教育理念。

五是兼职研究员和北师大的合作教授共同进行课题研究。这些研究立足于研究员本人、本校的教育实践，既能提升其理论素养，又有助于解决实际问题。

通过这些丰富的活动，不仅兼职研究员有了许多收获，觉得教育观念有了变化、教育思想有了提升，而且教育家书院也积累了大量的、丰富的教育资源。为了使这些教育资源不至于流失，教育家书院决定编辑出版"教育家书院丛书"。丛书包括以下几个系列。

聆听系列：收集各领域的专家在书院所做的报告；

研究系列：收集兼职研究员在书院开展课题研究的成果；

游学系列：收集兼职研究员进行国际考察的报告、感想、体会等；

讲习系列：收集整理兼职研究员在书院"名师名校长讲席"中所做的讲演；

对话系列：收集整理兼职研究员与书院讲座教授对话实录；

行动系列：收集兼职研究员在进行"学校诊断与改进"考察活动后的考察报告和实践收获；

成长系列：收集兼职研究员个人成长历史资料等。

教育家书院成立两年来，兼职研究员通过各种活动，有了许多收获，不能说都已经成为教育家，至少向教育家迈出了一步。因此，两年的时间虽短，内容却很丰富，有必要把这些资源收集整理；长期积累起来，它们就会变成教育研究极为宝贵的财富。在教育家书院的首批研究成果即将出版之际，写以上几句，是为序。

2012 年 3 月 4 日于求是书屋

前　言

"大山谷学校"的出山口

　　2013年，我有幸受到门头沟区教委的邀请担任大峪中学的校长后，曾独自围着大峪中学的校园散步。这是北京市远郊门头沟区唯一的市级重点中学和市级示范校。校园的中央是操场，教学楼、宿舍楼、体育馆等建筑都环抱着操场，所有建筑都采用清新的淡绿和稳重的褐红配色，整个校园开阔明亮。当我告知亲友我要去大峪中学做校长时，有人打趣我为什么要去一所红配绿的学校。当时我也觉得红配绿的色调有些土气，但在大峪中学工作一段时间后，我却爱上了这独具特色的山谷气息。尤其是雾霾严重时，似乎只有这山谷的清新才能让人透得过气。

大峪中学校园

山谷教育的提出

　　大峪中学作为远郊区市级示范校，近年来由于生源外流、信息闭塞，与城市核心区市级示范校之间产生了差距。大峪中学的发展与北京市其他远郊区示范校和全国很多区县中学有着同样的困境。与此同时，大峪中学也处于教育均衡发展的重大机遇期。远郊区示范校怎样走上再发展之路？这个问题不仅摆在大峪中学干部、教师面前，也是北京市教委和门头沟区委、区政府、区教委的各级领导内心所忧虑的。

　　怎样复兴远郊区示范校，这是一个充满挑战且有重要意义的课题，我强烈地渴望用实践回答这个问题。在学校管理上，我们不愿采用传统的严苛刻板的方法，因为整齐划一的封闭管理、不舍昼夜的疲劳战术只会使学校进一步与时代脱节。我们也不能采用"简单追随，一味模仿"的方法，因为简单模仿城市中心学校的发展方式最终只能是东施效颦，而且模仿、追随只能缩小差距，不能消除差距。

　　我们只能寻找一条特色发展之路，因为"差异"和"差距"是两个不同的概念。只有基于学校的差异性特征，探索学校办学特色，远郊区学校与城区学校之间才能实现"各美其美，美人之美，美美与共，天下大同"。因此，"学校特色建设"与"教育优质均衡"成为一对相辅相成的概念。

　　大峪中学最显著的特点在于这是一座"大山谷学校"。大峪中学因坐落在北京市的母亲河永定河河谷而得名，大峪即"大山谷"。她拥有得天独厚的区位特点：一是大峪中学位于北京市生态涵养区——门头沟区，这里青山环抱、绿水穿行、环境静谧，潭柘寺、戒台寺等历史名刹古韵犹存，因此，这里具有建设优雅的书院式学府的自然环境和人文环境；二是大峪中学位于北京西山脚下、永定河畔，特定的自然环境和人文环境成为教育教学天然的资源库。

门头沟区至今还没有一所大学，所以大峪中学就成了全区最高学府。山谷中的这所学校是全区人民文化教育的寄托，承载着区域文化传承、传播的责任。我们希望山谷中的这所学校不仅是一所向未成年人教授知识的学校，而且是书香浓郁的文化汇聚之所和传播之源。于是，我们为大峪中学赋予了一个更具书香气的别称——山谷书院。

我们决心充分开发山谷资源，开展山谷教育，携手建设山谷书院！

山谷教育的理念

特定环境孕育特定理念，大峪中学的"山谷教育"充分利用山谷资源，推开山谷封闭之门，开展山谷特色教育，进而建立山谷教育自信，探索远郊区学校的特色发展之路。山谷教育倡导"山谷相生，自然天成"的教育理念。"山谷相生"本指高山与深谷相辅相成，喻指学校是师生生命成长的共同体，师生互助共进，教学相长。"自然天成"既指顺应教育的自然规律，充分挖掘每个人的天赋才华，又指通过教师孜孜不倦的教育引导和个人跬步千里的累积，在内因、外因的共同作用下，学生的成长水到渠成。

为什么大峪中学的办学理念强调"自然天成"？因为"进城择校"不仅是远郊区的教育问题，甚至已成为远郊区的社会问题。远郊区的部分家长为了孩子进城上学，要么舟车劳顿接送孩子，要么千方百计调动工作，要么负债累累购买学区房，但又常常事与愿违：巨大的生活代价使整个家庭对教育成果抱有过高期待，进而由于过度焦虑带来一系列问题。我们在学校里一方面努力提高教育教学质量，另一方面也积极向家长宣传"自然天成"的教育理念，讲解"颠簸的鸡蛋孵不出神气的小鸡"，把一些家长盲目择校的热情转化为家校共同努力发展每个人的天赋才华。

山谷教育的实践

在基层学校的价值观里，干是硬道理，实践是理念的试金石。在全体师生的实践探索中，我们的山谷教育如同山水画般徐徐展开。

我们一路走，一路回答着也许每一所郊区学校都无法回避的问题。这些问题也是郊区政府和人民需要共同面对的难以言说的痛点。经过实践验证，我们深切地感受到：这些问题解决了，山谷之路就更加高远开阔了。

山谷里的孩子一定爱山谷吗？不一定，孩子们既爱山谷，又怨山谷。怎样坚定师生对山谷的热爱？在第二章和第三章可以看到，我们开发山谷课程，带领孩子们尽情享受山谷带给我们的愉悦：师生在山谷中寻觅可以吃的树叶，在大石头上举办演唱会，在古村落里访古，在夜幕下点燃篝火，在阳光下追寻革命先烈的足迹。在科学的视角下，大山谷更加可爱。我们带领孩子们研究山谷：师生在科学工作者的指导下，研究门头沟区道地中药材中药用成分的含量，研究田间秸秆变成可降解塑料的方法，研究高山玫瑰的化感作用，倾听岩石的述说，解读溪流的欢歌。

山谷里的学校怎样保持"呼吸"？大山谷学校最容易出现的问题是闭塞。第四章中每一个走出山谷的故事都是师生打开山口，使山谷风劲吹的开拓历程。例如，吕娜老师带领美术教师与北京服装学院合作，陆续开发出精彩的"垂衣裳"纸模服装、"未蓝"蓝染服装、"冬奥有我"主题服装系列课程；韩玮老师带领学生到广西崇左潘文石教授的野外工作基地寻找白头叶猴的踪迹；王朝红老师带领山的孩子赴青岛海洋研究所学习海的课程。

怎样点燃山谷学子自我突破的捻儿？山谷里的师生刻苦努力，成绩却徘徊不前，因为山区学生学习、发展的瓶颈问题是视野狭窄。于是我们倡导"迈出教材半步，创建点捻儿课堂"，第五章讲述了老师们如切如磋、如琢如磨地研讨创作出大批好课。杨秀岩老师的"陈家庄河流的返老还童"把课堂教学与野外实践相结合，获得全国教学大赛特等奖；杨越老师的"带电粒子运动规律"让教学瞄准科学前沿，获得全国教学大赛二等奖；陈静老师的"神经传导原理探究"把教学与医学实践结合起来，获得北京市实验教学一等奖。突破瓶颈之后，学生的学业成绩迅速攀升。

怎样建立"大山谷学校"师生的文化自信？第一章和第六章讲述了我们回答这一问题的心路历程和实践轨迹。为了师生能够挺直腰杆儿进入北京市乃至全国教育研究的核心圈子，我们提炼山谷文化，建立文化自信；开展教育研究，建立专业自信；宣传教育成果，建立质量自信。山谷文化的提炼基于我们对数百位校友和所有在校师生及家长的采访调查。"大山谷学校"与众不同的文化特征，例如"乐山乐水乐自然，敬人敬事敬学问"的行为准则，"朴质方正，灵动清澈"的学生风貌，"厚重如山，虚怀若谷"的教师情怀等，带给大家清新扑面的山谷之风。

随着山谷教育实践的不断深入，建设山谷中的书院式学府成为全校师生的共同愿景。山谷书院有如下特征：闻道修身的价值追求、如琢如磨的修习方式、如切如磋的互动方式、虚怀若谷的治学态度、简朴舒适的校园环境和民主现代的教育服务。

山谷教育的所有实践探索，都依赖于提倡教育均衡的时代背景，依赖于各级领导的鼎力支持，更依赖于全体教职员工"铁杵磨针"的实践韧性、全体学生的活泼好学、全体家长的充分信任以及所有校友和朋友的热情鼓励，因此，这是一幅生动立体的远郊区学校自主发展的全息影像。

感谢山谷教育画卷中每一个美好的角色！

目　录

第一章 ｜ 寻找学校的天赋

过去，我们的干部、教师、家长、学生在参加北京市的各项活动时，常常会有一些自卑心理，甚至会由此产生胆怯和畏难的情绪。

　　在门头沟区流传着一个颇有些尴尬的小故事。很多年前的一次北京市学生运动会上，广播员宣读获奖名单时把"大峪中学××同学"误读成了"大山谷中学××同学"，在一片嘲笑与自嘲声中，在场师生因为"大山谷"的土气而自卑，以至于这名学生宁可不领奖也不肯被贴上"大山谷"的标签。来自远郊区的"大山谷学校"真的令人羞愧吗？怎样建立远郊区学校师生的自信呢？我们需要找到自己的天赋，并以此而自豪。

　　经过我们对"大山谷学校"的理念解读和实践解读，如今，我们学校每一位参加北京市、全国乃至世界比赛的学生和教师都会自信而骄傲地主动介绍自己："我来自'大山谷学校'！"

1. 生源流失之痛

生源流失

当我还在石景山区工作时，我所在的学校就常常接收到千方百计从门头沟区转来的学生。即使我已有思想准备，但到门头沟区后，生源流失的程度还是超出了我的想象。聪明优秀的学生、教师子女、公务员子女、经济条件优越的家庭的子女基本上都选择到城区学校就读，"进城读书"成了智慧或富贵的标志，成为难以阻挡的"潮流"。全区每年有数百名小学毕业生"孔雀东南飞"，进入城区学校就读初中；初中毕业生中，又有数百名成绩优异的学生填报城区高中，中考成绩最优秀的进入城区的市级示范校，稍差些的进入城区的区级优质学校，所有城区学校的招生计划都完成后，学生们才填报本区的市级示范高中。于是，门头沟区的优秀生源被整整齐齐地"掐尖"了。门头沟区唯一的市级示范校大峪中学陷入优秀生源严重不足的窘境，濒于呈现"瘦死的骆驼"的样貌，似乎难以逆转。

生源流失导致的恶性循环

"带孩子进城读书"的愿望引发了广泛的社会影响。生源流失就像弥漫性病症，带来的影响是全区老百姓尤其是教育系统和公务员系统的工作人员都千方百计地把孩子送进城里读书。恶性循环的结果就是优秀师资不足、优秀生源不足、社会支持不足，学校办学质量进一步下滑。

在远郊区学校当校长需要有一颗强大的心脏，每个学年末都要经历接收教师调出申请的考验，珍贵的进京指标、倾心的感情投入、精心的教学培养都抵不过"我想让我的孩子在城里上学"这一诉求，每次教师提出调动时，我都会感受到类似失恋的痛苦。当教师因子女问题调走时，校长感受到的是关于教师培养和办学质量的自我质疑，产生了双重挫败感。

作为"大山谷学校"的校长，我从上任第一天起就做了提前卸任的思想准备，因为在加速城市化的进程中，一方面，远郊区家庭从孩子出生登记户口时就开始谋划进城，另一方面，全区人民都热切期盼这所全区唯一的市级示范高中能把大批孩子送进清华大学或北京大学。现实与期盼之间的差距带来了全区范围内的教育不自信和教育焦虑。

曾有历史地理学家做过统计，历史上的明君大都生逢风调雨顺的好年景，昏君则大多数曾遭遇连年自然灾情。大峪中学发展的每一个阶段都脱离不了时代发展的大气候和门头沟区发展的大环境。我在任期内将遇到怎样的环境和气候呢？

撬动逆转的杠杆

作为门头沟区的一位教育工作者，我深深地感受到盲目进城择校带来的各种问题。为了进城择校，家庭耗费大量金钱购买学区房，家长调动工作为孩子寻找名校提供可能，很多学生因为上学路途遥远、交通拥堵导致睡眠不足。由于整个家庭为择校付出了很大代价，因此，家长和孩子都有较重的补偿心理和过高的教育期待，进而产生了弥漫于整个家庭的焦虑，导致结果适得其反。

我希望能够找到一个杠杆，将生源流失导致的恶性循环逆转为生源回流的良性循环。这个杠杆在哪里？抱怨和诉苦是没有用的，每一个家庭在规划孩子的事情时，是不会因为理解和怜悯教育工作者而改变自己的选择的。找上级讨要一刀切的政策是没有用的，因为简单粗暴的政策难以阻挡择校热潮，甚至会适得其反，而且市、区政府已经为郊区涵养生源制定了一系列引导性政策，学校的责任是因势利导，想办法让引导政策的效用最大化。我们决定自力更生，用教育的方法解决教育的问题。也就是说，我们决心用教育的理念引导社会，用教育的精彩吸引学生，用教育的成效说服家长。

每年招生季之前，我们都会为小学生家长召开专场家长会，我希望尽我所能拉住疯狂择校的"后腿"。每次小学生家长会上，我都要给家长们讲一个简单的比喻：一筐鸡蛋中，有的鸡蛋能孵出小鸡，有的鸡蛋不能孵出小鸡，如果我们提供适宜的温度等孵化条件，静心孵化，能孵出小鸡的鸡蛋就能顺利地孵出小鸡，但是，如果每天我们都拎着这筐鸡蛋颠簸往返，那么能孵出小鸡的鸡蛋也可能会被打破了。因此，颠簸的鸡蛋孵不出神气的小鸡。我们向家长传递"山谷相生，自然天成"的教育理念。我们通过大量的教育案例帮助家长理解养育、教育孩子既简单也不简单：简单之处在于，如果我们用心养育，孩子自然就能达到他天赋所及的水平；不简单之处在于，我们是否能持之以恒地用心养育，而非简单地把他交给别人代养。

事实证明，经过家校共同悉心培养，留在本区读书的孩子获得了更多和父母相处的幸福时光，获得了老师更多的关爱和因材施教的培养。

有一天，我去学校科技创新中心，走到走廊尽头的一间实验室时，陶术研主任说："您别进去了，您受不了里面的味道。"原来，为了准备暑假的中草药研究，学生在这里喂养了20只小白鼠。一推门，果然扑面而来一股特殊气味，让人难以迈步。但是实验室里的学生却兴致盎然。我注意到一个小姑娘，她是恬静的王博，从小立志从医。当时，她一只手握着小白鼠，另一只手拿着饲养针管喂食，动作很是熟练。我每次路过实验室时，都能看到她的观察数据的不断累加和动态变化。

门头沟区有地黄生长，王博和同学们想探究到底哪种地黄药用效果更好。他们找来生地黄、熟地黄以及鲜地黄、干地黄，分别配制成不同浓度的溶液。他们用实验室里的液相色谱仪对各种地黄中的药用成分进行分析和比较，然后整理实验结果，撰写论文。

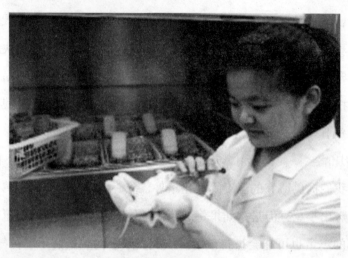

王博同学饲养实验小白鼠

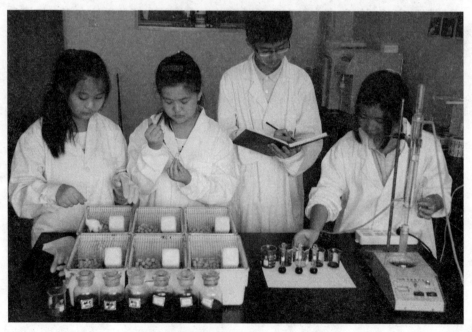

王博和同学们一起在实验室研究地黄止血

　　最终，王博考入北京中医药大学，真正走上了中医药研究的道路。

　　其实，在大峪中学七十多年的办学历史中，成功的教育案例不胜枚举。例如我们的校友张向晨，1978 年从坡头小学考入大峪中学，初中、高中生活都是在大峪中学度过的。1984 年，他考入北京大学国际政治学系，先后获得北京大学法学学士、国际关系专业硕士、国际政治专业博士学位。2017 年 2 月，国家主席习近平任命张向晨为中华人民共和国常驻世界贸易组织代表、特命全权大使。

　　浏览张向晨大使的中学学籍档案，一位优秀学生的成长轨迹跃然纸上。他出生于北京矿务局普通干部家庭，高中阶段各学科的学习成绩全部优秀，语文、英语、政治、历史、地理学科的成绩基本都在 95 分以上，多次考试成绩达到 98 或 99 的高分。他不仅成绩优秀，品行更是端正，而且积极参加集体活动，是学校的优秀学生干部。他曾获得学校书法比赛第一名、学校"文海探奇"一等奖、京津沪三市地理学科竞赛一等奖。他担任团支部书记和班长，被评为优秀团员，连续多年被评为"三好学生"。他的班主任老师在评语中屡次提到他思想要求进步、工作负责且组织能力强。老师们回忆起中学时代的张向晨，都赞不绝口。

　　由此可见，无论是喜欢中医药的小姑娘，还是从事外交事务的外交官，他们的学业成绩和事业成就首先来源于他们的天赋才华，其次是学校、家庭、社会为他们提供的"发展天赋才华"的条件和机遇，正所谓"自然天成"。

迎接生源回流的良性循环

　　幸运的是，随着北京市的持续发展，远郊区的发展随之而来，莲石路、阜石路、长安街、地铁 S1 线等与城市中心快速连接的通道，过去是生源流失的快速路，现在日渐成为高科技人才及其子女落户门头沟的引水渠。

　　我们每年都会面向小学生开放周五俱乐部体验课程，利用各种机会积极向社会各界介绍大峪中学的教育教学成果，主动向家长和学生宣传讲解教育规律，千方百计提升门头沟区各级领导和全区人民的教育自信。

随着学校办学质量的不断提升，越来越多的教师子女、公务员子女留在本区、本校就读。2018 年初一新生入学时，年级组长王小磊老师辨认着学生队伍里一个个从小跟着父母在校园里长大的教师子女；2018 年高三毕业时，年级组长韩玮老师向大家汇报本区教师子女的升学结果。在"大山谷学校"，教师、校长及其他学校管理者的孩子留在本区上学不是特权和优惠，而是"带头把孩子留在郊区"的情怀和导向。

2.眼珠子，心尖子

我调入大峪中学工作的第一天，时任门头沟区教工委书记何渊送我进入学校。在大峪中学的校园里，他语重心长地对我说："大峪中学是门头沟区教育的眼珠子、心尖子啊！"我陡然意识到这所门头沟区唯一的市级示范校在大家心目中的地位——它的兴衰成败牵动着全区人民的心。

在门头沟区内，无论是开会还是散步，处处都能遇到大峪中学的学生、家长和校友。学校地处远郊区，学生的来源和去向都高度集中于本区。我在门头沟区参加会议时，只要自报家门说我来自大峪中学，立刻会有校友走过来问好、握手。在招生家长会上做调查时，会有很多家长举手示意自己是大峪中学的毕业生。很多人一家三兄弟、一家三口、一家三代都是大峪中学的毕业生。母校的荣辱就是校友的荣辱，校友们的心总是牵挂着母校。

在门头沟区，无论是政府，还是企业，甚至个人，都很舍得为大峪中学投入。2002年，大峪中学申办北京市市级示范校，区委区政府专门研究后决定用8000万元为大峪中学购买新校园，为了使校园面积达到100亩（约66700平方米），国信嘉业房地产开发有限公司的李信勇董事长放弃了校园后面五六栋商品房的修建计划。门头沟区的鸿博集团、精雕集团等企业每年都向大峪中学学生捐钱捐物，鸿博集团已连续15年捐助大峪中学品学兼优、生活拮据的学生。每次捐助活动中，受捐助的学生都会表达回报家乡的志

连续多年资助新疆内高班①学生的何渊书记（左三）

向。学校装修改造申请各种经费时，总是能够得到区政府、区教委的积极支持。几年来，我们把所有的教学楼和宿舍楼都进行了翻新改造。

大峪中学的校友们在本区各行各业都做出了突出的贡献。在门头沟区委、区政府、区教委乃至几乎所有乡镇和委办局的主要领导中都有大峪中学的校友。这些校友们曾经创造了学校一个又一个辉煌，有的曾是大峪中学的学生会主席，有的到今天还能大段背诵当年的英语课文。这是骨肉相连的感情，也是我们竭力办好本区教育的强大动力。

自信源自心底，只有树立门头沟区的本土教育品牌，才能真正树立远郊区人民和教育工作者的教育自信！

---

① "新疆内高班"即内地新疆高中班。

3. 用"松绑"解放学校

我走进大峪中学时，所有干部、教师、学生都是非常努力、非常辛苦的。每个人肩上都背负着沉重的压力，在生源总量不足和优秀生源大量流失的背景下，大家加班加点地苦干，甚至是"白＋黑""5+2"地连轴转，以此来维持或提升社会高度关注的名校录取率。

有一次，高三住宿生上完最后一节晚自习后，我在楼道里遇到严谨负责的教学副校长贺启谋。我半开玩笑地问他："您有没有更加努力呢？"他面露疲惫，坦率地对我说："没有，因为我已经尽了最大的努力，使出了所有的力气，已经没有更努力的余地了。"

怎样才能使工作更上一层楼？作为新任校长，我面临两个截然不同的选择。是再加几道"绑绳"，还是适度"松绑"？我的选择是：尝试剪开几道"绑绳"，用"松绑"解放学校。

给教师松绑

因为学校里有很多家在山区的住宿生，所以大峪中学教师的上班时间是非常长的——从早晨六点半学生跑步开始到晚上十点半晚自习结束，部分教师夜间还要进行住宿管理。严格的坐班制度确实能够使学校工作平稳运行，但它也会有负面作用：教师工作时间过长，导致身心疲惫，工作效率降低；

教师能够自由支配的时间过少，导致教师没有时间和精力参与丰富多彩的研究活动和社会生活。因此，长时间严格的坐班制度不仅禁锢了教师的身体，更禁锢了教师的心灵和视野。对于远离城市中心的山谷教师而言，这种禁锢会导致更加严重的信息闭塞和发展滞后。

我心里暗暗希望身居山谷的老师们能有更多"散漫"的时间：也许逛商店时能看到某种新产品正好是学科知识的新应用，也许看话剧时能产生拉着全班学生一起欣赏的激情，也许按自己的生物钟在最兴奋的时间点穿着舒适的衣服在家备课会更有灵感，也许教师可以利用没有课的时间参与更多教研活动和学术活动。

于是，我们给任课教师"松绑"，允许任课教师没课时不坐班。虽然不坐班制度引发了相关人员的一系列担忧：教师上班时间不在办公室，自己在家里还能认真备课吗？任课教师不坐班，会不会有更多教师不愿意承担班主任工作？但是，我更希望看到老师们充分休息后有饱满的精神状态，更希望看到老师们积极踊跃地参加国家图书馆组织的读书沙龙等丰富的活动，更希望看到在重要工作面前，大家"养兵千日，用兵一时"的竞技状态。

我在学校语文老师耿会芹的QQ空间里看到了一段记录，这段记录正好体现了我的初衷和心愿。

爱上母语

高二第一次月考之后的一周，我除了继续和学生一起学习《史记》，还重点做了三件事。

首先是阅读课上引领学生走进《诗经》。我把自己近两周重读《诗经》后选出的经典篇目印发给学生，让他们"自由点餐"，我来助读。孩子们异常兴奋！大家觉得两节课时间太少，我们就又读了两节！——虽然他们初读后画出的图画还有些单调，写下的评价也显稚嫩，但孩子们开始兴趣盎然地读《诗经》、赏《诗经》、评《诗经》，这正是他们亲近母语、爱上母语、提升自己的开始!

昨天(周二)下午参加十月文学院举办的"《平凡的世界》与改革开放40年"活动,近距离接触了白烨、张柠等评论家和作家,我向他们讲述了我们大峪中学校长对读书活动的高度重视,以及我们中学语文教师的困惑。令人高兴的是,专家的回答与我自己的主张不谋而合——让孩子们自由阅读,读那些与他们个人生活和成长相关的内容,没必要强加给他们太宏观、太沉重的内容。或许只有这样,孩子们才会深深地爱上阅读、爱上母语!

今天(周三)上午参加东城区图书馆"登高赏菊品诗情"经典诗文诵读会,现场聆听了雷瑞琴、王世贵、冯福生等艺术家对经典诗文的精彩演绎,更加深刻地体会到语言和文学的魅力!

回顾自己的人生经历,从1988年离开家乡求学,碰到一名优秀的语文老师后,我便立志考上师范学校做一名小学教师。1998年本科毕业后,我顺利做了省重点中学的语文教师。2008年研究生毕业后,出于种种原因,我依然选择了在中学教书。2018年这个重阳节的夜晚,我收拾完锅碗瓢盆,督促女儿写完作业后,匆匆离开家门,赶往大峪中学准备明天的课……。我真的从来都没有后悔过!

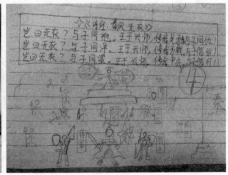

耿会芹老师 QQ 空间里她参加读书沙龙和学生阅读笔记的图片

我是一条小河，但我想给孩子们整个海洋！所以，尽管我已四十不惑，但我始终不愿停下学习的脚步，而引领孩子们读书，使他们爱上母语、爱上文学，更是我一辈子的使命！我将牢记初心，砥砺前行！

给图书和实验室松绑

大峪中学是北京市市级示范校，办学条件还是比较好的。学校有几栋大楼，其中有一栋图书信息楼，还有一栋实验楼。但是，我觉得图书不放在教学楼，而集中在另一栋楼里，不利于学生借阅，因为学生很难利用课间时间从五层高的教学楼里跑出来，去图书信息楼借书或读书。实验楼也是如此。实验室都集中在教学楼之外的另一栋楼里，课间只有十分钟，师生跑来跑去会耽误很多时间，导致老师们会尽量减少去实验室上课的次数。

学校的后勤主任高建新是一位三十多岁的小伙子，组织能力非常强，我刚刚有了给图书"松绑"的想法，他仅用了半天时间就把图书信息楼里的图书送到教学楼，各楼层瞬间就都有了一个可供学生自由阅读的阅读厅。从此，学生借书和还书都自己登记，他们的课桌上多了很多自主选择的图书。

事后，我和他开玩笑说："再给你布置任务时，我一定要慎重，因为我上午刚说，你中午就搬完了，我都没有犹豫反悔的机会"。看似是一句玩笑话，却表达了我对高建新主任工作状态的钦佩。

高建新主任出身于门头沟区雁翅镇松树村，从小跟着大人在田间劳动，养成了吃得了苦、受得了累的坚韧品质，形成了干活儿实在、待人实在的处事风格。在门头沟区的地域价值观里，这样的人被称作"山里人"，而且这是一个大家普遍认同的赞扬人的词，如果说谁是山里人，大家就会认可他的实在和诚恳。我到大峪中学工作之后，教师、学生和家长都是用这种山里人的热情悦纳了我。

在暑假装修时，高建新主任把实验楼的实验器材也搬到了教学楼，于是，每个年级都有了自己的生物实验室、化学实验室和物理实验室。实验室就在教室的隔壁，使用率自然就提高了。

给思想松绑

中学任课教师不坐班，图书放在大厅里任学生自由取阅，实验室分布在每个年级的楼层，这些都不足为奇。我将这些作为自己的"新官上任三件事"，是想向大家传达"解放思想"的方向和意图。给教师松绑、给图书松绑、给实验室松绑的实质是给人的生命状态松绑，给教育的思想、理念、行为松绑，只有"松绑"，才能让每个人的天赋才华得到释放。

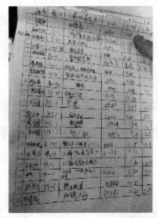

学生自主登记、借阅图书

我们提出"发展每个人的天赋才华"的办学理念，既然工作干得这么苦，升学率仍然止步不前，那么我们干脆解放思想，给孩子以青春洋溢的生活，给校园以活泼快乐的氛围，给教师以教育探索的自由。我相信点燃校园活力之后，我们就能够"无心插柳柳成荫"地获得升学率的提高，除此之外，我们还能收获更多。于是，我们开始想方设法地带着孩子们玩起来，只有他们爱老师、爱同伴、爱学校，他们才会愿意留在学校继续读高中，他们的弟弟妹妹们才会愿意留在门头沟区读书。孩子们都喜欢在这里读书，学校的各项工作才有可能更上一层楼。

4. 寻找学校的天赋

不仅每个人有天赋，每所学校也都有与生俱来的天赋。大峪中学这个大山谷里的中学有什么得天独厚的条件？有哪些与众不同的特点？我们怎样在教育实践中发挥学校的天赋？

怎样精练地表现出大峪中学的天赋之美？怎样使我们的天赋之美易于识别并受到全校师生和社会各界的广泛喜爱？我们决定用几个月的时间共同提炼大峪中学的品牌特征——"大山谷学校"之美。

山谷相生，自然天成

我们的品牌设计工作首先是从理念提炼开始的，具体任务是为学校特色定位，即提炼学校品牌定位语。品牌定位语来源于品牌传播理论，是在分析品牌的价值追求、文化传统、区域特点、用户需求、市场定位之后凝练而成的，往往简短精练，易于传播。例如，杭州的城市品牌定位语是"人间天堂"，江苏卫视的品牌定位语是"幸福中国"，蒙牛高端常温白奶的品牌定位语是"不是所有牛奶都叫特仑苏"。

大峪中学的鲜明特征应该是什么？我们开展了大规模的问卷调查，调查对象包括我们学校的校友、教职员工、学生和家长，然后对所有问卷进行回收统计。调查问题包括：如果请您用一个词形容大峪中学的学生或校友，您会用什么词？您在大峪中学上学时，印象最深的活动是什么？您最难忘的老师有什么特点？……收集了几千人的回答之后，我们从这些答案中更加清晰地认识了我们学校的特征。

几个月的讨论过程也是每个人全心投入、日渐兴奋的过程，更是大家汇聚思想、凝聚精神、建立共同愿景的过程。最终，我们提炼出八个字的品牌定位语——"山谷相生，自然天成"。"山谷相生"寓意教学相长，"自然天成"寓意我们相信每个人都有与生俱来的天赋才华，如果教育者能顺应每个孩子的天赋才华并为之提供支持和帮助，孩子们都可以实现自我成长，并通过自我成长来实现自我价值。

品牌定位语确定之后，大家的思想就像打开了闸门一样，一系列的概念从大家的头脑中涌出来。例如，在讨论大峪中学学生的特征时，我们从调研结果中看到朴质、朴实、朴素、质朴、实在等词语大量出现。王蕾老师说："我们山里长大的孩子像大山里的石头一样朴质方正。"我觉得还不太充分，因为大山谷里还有一条大河——永定河。水是有灵性的，河边长大的孩子还要像水一样灵动。杨勇老师把这个想法概括为"灵动清澈"。这时，我们的想法逐渐清晰了：希望我们培养出来的学生在品德上都能像大山一样朴质方正，在智慧上都能像大河一样灵动清澈。于是，我们把大峪中学学生应有的特征确定为"朴质方正，灵动清澈"。王桂英和刘立地两位老师还提议把"乐山乐水乐自然，敬人敬事敬学问"作为大峪中学的行为准则。

在讨论大峪中学的文化应该怎样概括时，大家也展开了争论。我们应该称之为"山谷文化"还是"大山谷文化"？张学勇老师认为，这个"大"字万万不可缺少，因为这个"大"字体现了我们不想把教育局限在教室里，不想把教育局限在校园里，希望老师带领学生走出教室、走出校园，走到永定河的整个大山谷里，"大"字象征着我们对教师和学生突破教育教学空间限制的号召。

在提炼学校品牌定位语的时候，我们想出了很多表述，这些表述留在了

大峪中学干部、教师反复讨论，提炼学校品牌特征

每一位参与者的心里。例如，"山谷清芬"这个词虽然清新，但是显得过于轻松，我们最终没有选用，但是杨勇老师带领全校师生举办篝火晚会活动的时候，他把主题确定为"播山谷清芬，展天赋才华"。再如，"青山出璞玉，谷中琢大器"是教学副校长贺启谋老师喜爱的表述方法，这成为他每年做高三教学工作总结时的固定标题。

在讨论校训和校歌的时候，我们都同意继承学校已有传统，校训仍然采用老校长刘景敏在任时确定的"崇德尚学，知行合一"，校歌仍然确定为老校长刘鸿韬亲自谱写的校歌。回头再看大峪中学的文化理念，从表述看似乎是新语句，但是从挖掘提炼的过程来看，它其实是对大峪中学建校 70 余年来所有干部、教师和历届学生在这所学校里生活痕迹的汇总，是每个人鲜活的人生状态汇聚而成的文化特征。因此，它是对大峪中学 70 余年积淀下来的学校文化、学校品牌的总结和提炼。

高瑞瑾老师和同学们把表示大峪中学学生特征的几个词印在了班服 T 恤上

"大山谷学校"的"清明上河图"

提炼出学校文化之后，我们开始进行品牌的视觉系统设计，也就是把文化理念转化为可见的图案、色彩和动画。

在品牌视觉系统中，首先要确立的是校标。经过设计师一次一次绘制新的设计稿，全体干部和核心教师一次一次讨论，最终我们确定了新校标。新校标是由"山""谷"两个字组成的，既是"峪"字，又是连在一起的山谷，形象地表达了山谷相生的含义。它在线条上采用了明快的直线条，充满了动感，用以彰显中学生的活泼和热情。

这个校标深受老师和孩子们的喜爱。他们对校标的喜爱达到了什么程度呢？孩子们

由"山"和"谷"组成的大峪中学校标

去南京指纹研究所参观学习，结束的时候他们用每个人的红色指纹组成了校标图案，拍照片发回学校。校庆的时候，孩子们做了很多小艺术品，他们会在小瓶子里用不同颜色的沙子组成校标的样子。学校3D创意体验中心成立时，孩子们用3D打印机打印出的第一个作品就是校标……。这个校标容易记、容易画、容易传播，已融入师生灵魂深处。

孩子们以校标为主题制作的手工作品

我们还设计了一系列品牌图案，每一个品牌图案都来自师生共同开发的一个山谷课程，因此，每一个品牌图案的背后都有一个故事。

例如，我们的品牌图案里有历史老师张金明带学生进行古村落研究时的沿河城村的图案，有杨勇老师带着学生重走红军路时经过的斋堂冀热察挺进军司令部的图案，有王云霞、徐宝贵、高阳阳、刘燕、陶术研、孙红泽等老师带领学生开发潭柘寺课程的潭柘寺的图案，有李宗录、郝春、邵正亮、苗金明、李丽琴、高瑞焱等老师带领学生研究妙峰山玫瑰的妙峰山进山牌楼的图案，有数学老师王锋、谭勇带领学生在永定楼开发山谷测量课程的永定楼的图案。这些图案都取材于山谷里的典型地标，这些地点也是我们的课程基地。

还有一系列人物活动图案：有体育老师田兴跃、高连民带领学生开展皮划艇活动的图案，有李世刚老师带领田径运动队跑步的图案，有孙惠君老师带领学生舞蹈队跳舞的图案，有宋德静、何欣、王阿玲、张馨等老师带领学生山谷合唱团唱歌的图案，有陶术研、孙红泽、刘立地、杨秀岩等老师带领学生进行野外科学考察的图案，有学校日常工作中老师带领学生读书学习的图案。

还有一些象征大山谷勃勃生机的图案，如山峰、飞鸟、大树、河流、太阳。我们把"大山谷学校"的色彩确定为青山绿、碧水蓝、黄栌黄、岩石苍（即灰色）。

这些图案和色彩既可以单独使用，也可以自由组合。不同课程基地、不同人物活动、不同色彩基调任意组合，随机变幻，形成了山谷教育视觉系统的万花筒。

当设计师把这些图案连在一起，绘在一张画轴上展现出来时，我们都欢呼起来。这就是大峪中学！这幅画卷就是大峪中学山谷教育特有的一幅"清明上河图"！从此以后，这些图案呈现在学校里的每一个角落，也活跃在每一位教师、学生的学习和生活中。

由大峪中学系列品牌图案组成的"大山谷画卷"

看得见的大山谷文化

完成视觉系统设计之后，我们进行了校园文化的开发，也就是把前面提炼出来的理念文化、视觉系统转化成实物。转化成什么样的实物呢？我们用不同的品牌色制成不同颜色的校服，供学生自由选择。我们还用山谷"清明上河图"制作了丝巾，每一条丝巾上都印有我们的品牌图案。当我们向国际友人或其他来访者赠送礼品时，我们都会捧着

系着"大山谷"特色丝巾的可爱的老师们

丝巾，滔滔不绝地向对方讲述丝巾上每一个图案背后的老师、学生、课程和活动。

我们进一步把品牌设计融合到校园环境里。校园里到处都能看到我们的品牌图案。学校里每一个杯子、每一个桌签、每一幅门帘、每一张海报、每一根立柱都在诠释着大峪中学特有的大山谷文化。

老师们开展不同的活动时也会选用不同的品牌图案，例如，严肃的活动选择斋堂冀热察挺进军司令部的图案，活泼的活动选择妙峰山的图案。

每个人都有与生俱来的天赋才华，每所学校也都有与生俱来的天赋，无论是城市中心的学校，还是远郊区的学校，无论是规模较大的重点学校，还是乡村里的小学校，都有它独到的魅力和特征。当我们看到一所学校的天赋的时候，我们就会由衷地热爱它。

在山谷文化的挖掘与提炼过程中，还有一个关键人物，她就是大峪中学宣传中心主任张馨。张馨是一位音乐老师，自带艺术气质。她作为山谷文化

提炼工作的牵头人，在推动这项工作的过程中遇到了很多难处，但她始终坚持自己对品质的追求。品牌视觉系统设计结束之后，她又竭力推广使用，并且坚持规范使用，使我们最初的设计不变形、不变味儿。

做出来的大山谷文化

"山谷教育"品牌形象不能仅仅局限于理念、图案、使用环境，它最终的落脚点应该是品牌行为。

政治学科徐宝贵老师邀请中央民族大学的教授帮助我们寻找潭柘寺人文研究的切入点，生物学科陶术研和孙红泽两位老师带领学生研究潭柘寺玉兰的抗菌作用，研究潭柘寺竹林中竹叶黄酮的抗菌、抗氧化、抗辐射功效。潭柘寺里的研究过程就是"乐山乐水乐自然，敬人敬事敬学问"的体验过程。

付丽敏老师带学生追随原航空航天工业部部长林宗棠院士学习 3D 打印，体会到老部长"厚重如山、虚怀若谷"的人格魅力。高瑞焱老师带领学生前往中国人民公安大学，跟着郭威等大学教授学习指纹提取，回来后，师生都沉醉于"如切如磋，如琢如磨"的状态，最终出版了山谷课程手册《右拇家族奇遇记》。

推广山谷课程的宣传展板

石杰副书记带领党员教师建立了"山谷清风"党建品牌，倡导不忘初心的党风、风清气正的政风和勇做先锋的教风。新疆内高班党支部的王蕾、谭进喜、杨士东、李鑫等党员教师，全情投入地关心、照顾每一位新疆学子，把党的温暖送进了每个孩子的心里。

新疆内高班学生在高考前总是喜欢趴在谭进喜老师身上缓解压力

大山谷文化的辐射力

大山谷文化具有很强的辐射力。2014 年，区教委决定把坡头中学交给大峪中学进行一体化管理，坡头中学更名为大峪中学西校区。原坡头中学的干部、教师们很快融入山谷书院，并且创生出更多鲜活生动的山谷教育案例。李宗录、李荣、张一娜老师带领多学科教师走进山谷，寻访京西古道。王小磊老师带领师生寻访老舍故居。杜兰京、刁秀红、赵秀怡老师带领学生传承门头沟区非物质文化遗产古幡乐。每年正月十五，大山深处千军台村的古幡乐表演队伍中都有山谷学子的身影，村里的长辈们都为此倍感欣慰。

付卫青老师严格依照大山谷文化的品牌设计图册，积极与设计方、施工方反复沟通，将整个西校区改造成小巧正宗的山谷校区，付卫青老师巾帼不让须眉的风采也受到大家的赞誉。

在门头沟区接受国家义务教育均衡发展督导检查中，大峪中学接管坡头中学的工作得到国家督学的一致好评。

孩子们参加每年正月十五千军台村的古幡乐表演

两校教师在含有大山谷文化特色的
西校区小门厅愉快地交流

装修改造后的西校区

学校在义务教育均衡发展国家级检查中获得国家督导的好评

　　门头沟区还有很多地处偏远深山的学校，那里的办学条件更艰苦。大峪中学的老师们主动帮助这些学校排忧解难。斋堂中学急缺地理教师时，大峪中学的王进老师当上了"救火队员"，每周进山两天，给山里选考地理的孩子们送去专业、优质的地理课。王平中学、军庄中学是大峪中学的山区手拉手学校，大峪中学的老师们和王平中学的老师们在暑假共同录制讲解新学期重难点内容的微课，和军庄中学的老师一起教研，在切磋琢磨中共同成长。

　　大峪中学还是清华大学继续教育学院"国培计划"的实践培训基地，每年都有大批来自全国各地的县域中学的老师们前来学习远郊区县学校的复兴之法。

第二章 │ 山谷里的孩子们

山谷里长大的孩子一定爱山谷吗？山谷里长大的孩子对山谷的感情是错综复杂、百感交集的。他们儿时尽情享受大自然的乐趣，漫山遍野地寻找金雀花，在斋堂水库边追逐嬉戏，在沿河城小树林里背课文……这些独特的经历让他们终生难忘。但是，山谷生活的艰苦也一言难尽，每个学期的学费和生活费让贫困的父母又添了白发和皱纹，烈日骄阳下的田间劳作带来的腰酸背痛，每个周末回家漫长崎岖的山路带来的头晕目眩，信息闭塞带来的茫然不自信……

　　在以城市为中心的价值观下，山谷是边缘和落后的象征，如果转换一下，以山谷为中心建立价值观，山谷就能焕发出缤纷魅力。体验过山谷生存、山谷探索、山谷信念等一系列课程、活动之后，一位青年女教师感慨："过去我周末出门看着大山时，常常觉得心里堵得慌，现在带着孩子们在山里学习地质，发现大山原来如此可爱。"

1. 可以吃的树叶

我们经常能看到人们在山谷里游玩突遇山洪暴发或遭遇各种不幸的新闻。看到这些新闻之后，作为教育者，我们觉得应该教给学生山谷生存技能。从小在山区长大的杨勇老师开发了山谷生存课程，根据课程内容，他把这一系列课按季节安排在门头沟区的不同地点。

每年4月，草长莺飞，山里的树长出了嫩芽，他就带领学生到山里去辨识什么样的树叶可以吃。门头沟区雁翅镇泗家水村的香椿是地理标志产品，杨老师带领学生按照节气规律赶到泗家水村，趁着香椿的嫩芽刚刚出来，他们和泗家水村的叔叔伯伯学习怎样从树上采摘香椿，分析使用工具采摘香椿的物理学原理。学生把香椿带进农舍，村里的阿姨教他们怎样把香椿做成美味的香椿拌豆腐、香椿摊鸡蛋，各种各样的烹饪方法让他们品尝到了山谷中特有的美味。当学生手捧春天里第一簇香椿，抚摸它们毛茸茸的嫩芽，闻着植物自然的香气时，他们不禁庆幸自己住在与自然更亲近的地方，感激大自然给他们的美好馈赠。生物老师带学生以自己采摘的香椿为样本分析为什么泗家水村的香椿最香，他们通过测定泗家水村土壤的 pH 和土壤中各成分的含量，推测泗家水村香椿最香的缘由。

每年6月，他带学生到三家店水闸上游的永定河畔，教他们学做渔人。在小溪边，他告诉孩子们："万一被困山谷，不要惊慌，在山谷里，在河流里，有很多食物可供你选择和享用。"

　　类似这样的山谷生存课，杨勇老师还开发了很多。例如，河里有鱼，怎样把河里的鱼变成自己的食物？方法很简单。他告诉学生："来，把 T 恤脱下来，找两根树枝，从两个袖口伸到 T 恤底部，把 T 恤支成渔网状，把 T 恤渔网放到河水里，就可以捞河里的鱼虾吃啦。"还可以怎么样？"找一根树枝，用小刀把顶端劈开，割成十字，树枝就变成了鱼叉。""还可以自己钓鱼吃，把易拉罐拉环的两边磨尖就可以做鱼钩。河岸的草丛里有可能找到其他钓鱼人扔在那里的废旧渔线和鱼漂。如果没有，也可以把鱼钩直接拴在树枝和藤条上钓鱼。"

杨勇老师教学生制作野外钓具

　　在河边，杨勇和生物老师刘自亮、孙强还现场教学生怎样撑鱼竿、怎样绑鱼线、怎样找鱼饵。在这个动手实践的过程中，学生知道了用鱼竿钓鱼的物理原理。当他们在河边坐成一排，伸出鱼竿，从河流里寻找食物的时候，青山绿水间热爱山谷的老师和孩子们的倒影在河水中荡漾。老师们一个一个辅导，孩子们一点一点学习。渐渐地，越来越多的孩子能把鱼钓上来了。师生捧着自己钓上来的鱼回到我们的野外科考车上。这辆科考车是用我们找到的一辆不常用的大巴车改造的，我们把它的一侧座椅拆掉，改装成了实验台。生物老师带着学生现场解剖钓上来的鱼，并分析鱼的结构，这样，山谷生存课程和山谷探索课程也自然衔接了起来。最终，孩子们的头脑和胃都满载而归。

每年 10 月，山里的柿子成熟了，柿子树上悬挂着一个个橙黄的柿子。这时，杨勇老师带着学生赶到柿子最甜的陇驾庄村，走进采摘园。孩子们学习采摘柿子，物理老师朱金强带他们分析用工具采摘柿子的物理原理；生物老师陈静带他们分析

学生在野外科考车上认识鱼的结构

什么样的土壤最适合柿子生长。刚摘下来的柿子是涩味十足的，怎样为柿子脱涩呢？孩子们手捧自己采摘的柿子向村民请教。通过村民和生物、化学老师的讲解，孩子们学到了各种为柿子脱涩的方法：用温水浸泡、用石灰水浸泡、用白酒喷洒、和已经成熟的梨或苹果混装、用塑料袋包裹、用二氧化碳脱涩……每一种方法都能使柿子变得更甜。最后，杨勇老师找来大水桶，与同学们一起动手漤柿子，他们漤出来的柿子不仅不涩了，而且更脆、更便于保存了。孩子们把自己漤的柿子分发给各班老师和同学。橙黄的柿子不仅带给孩子们生物学、化学、物理学的知识，还带给他们劳动的技术和爱山谷的体验。

杨勇老师还在京西古道教孩子们怎样躲避山洪、野火和雷电，让他们知

道当山洪来了、野火来了、雷电来了的时候，人应该向山里的什么方向逃跑，应该用什么样的姿势躲避。他还带学生学习搭建野外庇护所。雪松可以成为野外庇护所的天然屋顶，大树的低树杈可以作为庇护所的屋脊，坚硬的岩石、安全的洞穴也可以作为天然庇护所。把野草装进塑料袋，就可以做成野外庇护所里舒适的软床。

杨勇老师利用山谷生存课"九龙山找水"教给孩子们野外取水的方法。人们可以根据早晨和傍晚的鸟叫声寻找水源；可以用空心的草做吸管，从植物根部吸水；可以用衣服蘸水，用衣物过滤净化之后，再把水拧出来饮用。

山谷生存课"都市猎人"为孩子们解读了野生动物的生长规律和保护方法。怎样挖一个洞穴来捕捉老鼠？什么季节不能捕捉野兔？在什么季节，茂密的茅草堆不能成为你的庇护所？

这样一节一节地开发下来，每个月都有了杨勇老师开发的山谷生存课。我们也欣喜地看到 2018 年教育部基础教育司组织编写的《中小学德育工作指南实施手册》中选录了大峪中学开设山谷生存课的案例。

山谷里每一个村落、每一个地点都可以成为山谷生存课的课堂，孩子们学会了这些生存技能之后，有了更强的生存能力，同时也更爱山谷了。山谷生存课程为孩子们铺设了重回自然的通道。

2. 大石头上的演唱会

我到大峪中学后，每天中午在办公室休息时都能听到音乐老师带领合唱团的同学们练习唱歌。那段时间，每天下午上班前，我都能听到一曲多声部的演唱，一遍遍的"南屏晚钟，随风飘送"飘进屋来。循声而去，我看到一位美丽的女教师在钢琴旁辅导孩子们唱歌，带他们进行音准、节奏、吐字训练，她就是宋德静老师。因为有这么好的音乐老师，我动了申办北京市金帆艺术团的念头。

经过认真排练，大峪中学合唱团代表门头沟区去参加北京市合唱展演，虽然已经做了充分的准备，但是与北京市城区学校同台演出时，我们仍然相形见绌。在返回学校的大巴车上，负责钢琴伴奏的王阿玲老师沮丧且焦急地对我说："每年我们都练得非常苦，练到自认为很好了之后才去参赛，但是城区学校总是会有新的创意、新的训练方法和表现手法。我们虚心学习他们的方法，第二年再去展演时，城区学校又有了更新的创意和方法。"这时，我决心带领大家申办金帆合唱团了，因为只有不断与其他学校共同切磋琢磨，才能不断创新，简单地追随模仿永远都不能造就最优秀的团队。

怎样成为金帆合唱团呢？北京市音乐特级教师海倩文老师每周都来帮助我们训练，从设计制作合唱台，到设计表演动作帮助每个孩子打开自己……在海老师的帮助下，我们的合唱训练愈加正规。怎样更上层楼呢？海老师和我们商讨后决定突出大峪中学合唱团的特色——山谷特色，因此我们给自己的合唱团起名为"山谷合唱团"。远郊区合唱团的孩子们由于家庭条件和社会环境的原因，缺少音乐启蒙训练，大多数孩子零基础入团，导致训练难度大，演唱水平低。但是，这些孩子在大山谷中成长，他们与大自然天然亲近，如果我们回归自然去歌唱，孩子们就会像山谷中的百灵鸟般灵动雀跃。

　　我们把第一次山谷演唱会的地点选在龙门涧。这个地方是一个大的地质断裂处，中间溪流淙淙，两岸峭壁耸立，郁郁葱葱的青草绿树为山涧涂抹了令人心怡的绿色。活动之前，学校的德育主任杨勇、后勤主任高建新和艺术老师宋德静、孙惠君等一起去踩点。河边太窄，没关系，继续沿着溪流找；山顶平台太小，没关系，唱着"小和尚下山"走回来……一群人就这样一边嬉戏一边工作，终于找到了一块平坦的大石头，刚好可以站得下整个合唱团，大石头背后的陡崖可以做舞台背景，大石头的对面又刚好有一片空地可以作为观众席，舞台与观众席以小溪为分界线。这简直是绝妙的自然舞台！

龙门涧大石头上的演唱会

这场演出是给合唱团高三毕业生举办的送别演出，孩子们时而着便装轻松唱，时而穿长裙深情唱……虽然我们的合唱团也曾登上过维也纳金色大厅、国家大剧院、中山音乐堂的舞台，但是龙门涧的舞台是最别具一格的！

中山音乐堂专场演出"飞出山谷的歌声"　　国家大剧院专场演出"唱响山谷，山谷畅想"

当我们想把燕家台村的古门楼作为舞台时，正骑着三轮摩托的村主任一脚踩下刹车，对我们说："如果你们来表演，我招呼全村人出来看！"宋德静老师带领学生到潭柘寺演唱后，我从照片中就能体会到孩子们在比北京城还古老的古寺里演唱时的恬静从容。

在我们接受金帆合唱团评审时，各位评审专家不仅充分认同了"山谷"特色，而且在评审现场燃起了极大的指导热情：有的专家建议加强乐理训练，有的专家讲解歌唱与戏曲吐字的不同……被誉为"中国合唱教母"的吴灵芬教授在评审结束后，再次走进排练室，耐心地为音乐教师示范了发声训练方法。吴灵芬教授曾为了辅导中小学合唱教师专门成立了"和谐之声"合唱团，评审当天，吴教授接受了青年合唱教师何欣的加入请求。何欣老师是一位勤奋上进的姑娘，自此，她一边训练学生，一边坚持在吴教授的合唱团里接受训练。跟随著名的合唱指挥家排练，何欣老师的专业素养有了持续提升的机会，我们的山谷合唱团总是能够得到最前沿、最权威的指导，能够选择最新的曲目，能够了解并学习最新的训练方法和表演方法。何欣老师在指导学生练习《玄》这首曲目时，她告诉孩子们：唱歌如同游戏闯关，"道可道，非常道"，要一个音一个音地练习。后来，在北京市金帆合唱团比赛中，山谷合唱团作为唯一一支郊区合唱团，因表现优异而获得金奖。演出成功后，师生都很兴奋。这就是从山谷里走出来的金帆合唱团。

教室本源于自然。当师生在教室里的时间久了之后，教室的围墙就成了阻隔师生与自然相通的屏障。当师生走出教室、重返自然时，会得到更多成长的欢乐和启迪！

3. 山里有座城 [①]

  历史教师张金明是门头沟区政协委员，深知区里星罗棋布的古村落对于区域发展的意义。他在学校里开设了关于古村落研究的山谷课程，带领学生走进千年古村淤白村，走进文化古村灵水村，走进军事古村沿河城村……师生们开展口述史研究：走访英雄的后代，了解革命历史；访谈僧侣，了解宗教发展；访谈"蹦蹦戏"传人，了解非物质文化遗产的传承。

  在张金明老师的带领下，历史、地理学科的老师们带领古村落研究小组的学生走进沿河城村，共同探究"为什么沿河城村的本源是一座城"这一课题。

  沿河城村地处区政府西北 35 千米，斋堂镇政府东北 15 千米，永定河南岸。该村海拔 384 米，地域面积为 81.2 平方千米，其中耕地面积 0.9 平方千米，林地面积 4 平方千米，草场 2 平方千米，水域面积 0.9 平方千米，主要物产为苹果、核桃。沿河城村历史悠久、文化底蕴深厚，原是明代修建的山地军事古城，是长城沿线保留最完整的古城。沿河城村已经入选"北京最美乡村"候选村，评选的标准是"生产美、生活美、环境美、人文美"。张金明、张学勇等几位教师决心带领学生发掘沿河城村的"人文美"，师生共同考察沿河城村的历史文化。

---

① 该部分参考了张金明老师编写的山谷课程资料。

师生在沿河城村开展野外考察

查历史

研究历史最重要的方法之一就是收集和考订资料法，也称考据法。广泛地占有资料也是展开历史研究的第一步。

课题确立之后，两位指导老师和学生一起从各种渠道收集资料。这些资料的主要来源如下。

（1）学校图书馆相关资料。如《北京市门头沟区志》《门头沟区地名志》《燕山儿女》《门头沟革命史》《北京通史》《门头沟英烈》《煤的历史》等。

（2）张金明老师个人藏书及联系社会资源获得的资料。如《爨底下》《琉璃渠》《灵水》《斋堂川》《王平镇》《潭柘寺》《北岭》等。

（3）网上收集的资料。如明长城各关口、军镇、沿河城（口）相关资料，门头沟简史，《帝国主义对北京门头沟地区煤矿的掠夺研究》《门头沟区古村落空间分布形态研究》《北京沿河城军事历史地理研究》等。

（4）其他途径获得的资料。如《北京沟域经济发展的理论与实践》《沿河城村庄规划基本情况介绍》等。

这些资料有专题著述、有学术论文，与门头沟区古人类、古村落、抗战史、宗教文化、煤矿开采等几大历史文化题材紧密相关。这些资料还填补了大峪中学历史文化研究缺乏系统资料的空白。在沿河城课题确立后，师生对相关资料做了进一步的精简提炼。

部分资料

听历史

历史研究离不开理论指导，它对于师生确立研究对象、掌握历史研究方法、认识历史研究角度、把握历史研究发展趋势有重要作用，对于激发学生的研究兴趣更是至关重要。

关于沿河城村的历史研究，张金明首先想到了这方面的专家师昌璞老师。师老师是北京市门头沟区沿河城村当地人，中学高级教师，现已退休，退休前曾担任门头沟区教师进修学校教育科学研究所所长。师老师长期笔耕不辍，著述颇丰。他积极主动地进行地方区域历史研究，尤其以对雁翅、斋堂、清水三镇的历史研究见长。他还曾参与《门头沟区普通教育志》《北京市门头沟区志》的编写工作，长期被门头沟政协学习与文史委员会聘为特邀委员。师老师从小生长在沿河城村，对家乡的历史有浓厚的兴趣，对本村历史的研究可以说是细致入微，无人能及。师老师给孩子们做了两次讲座，题目分别为"永定河畔明清古堡军事要塞——沿河城"和"关于充分挖掘古村落文化，打造京西旅游品牌，推动山区经济发展的系列研究——沿河城"。师老师提起家乡的历史头头是道，充满自豪，语言生动有趣，讲解深入浅出。师老师第一次报告先从地名的由来、悠远的历史、军事地位、宗教文化、教育发展、碑石遗存等方面对沿河城村的历史做了生动翔实的介绍，还突出介绍了沿河城村的自然景观、城垣街道、军事要塞、孔庙、城隍庙、学校教育等当地人引以为豪的几大亮点，提出了结合沿河城八景和周边景区系统开发的设想，最后还饱含深情地朗诵了自己创作的七绝诗《关城怀古》（六首）。在第二次讲座中，师老师对历史研究的目的和方法、研究小组的组成、研究成果的呈现、沿河城村的研究方向和参考资料做出了指导。

在师老师娓娓道来的同时，孩子们仔细地聆听、认真地记录，对沿河城村的历史文化产生了浓厚的兴趣。他们的主要兴趣点表现为以下几个方面：这个村子是如何形成的？具有军事古镇特色的村子到底是什么样的？这个村子有哪些好看、好玩、有历史韵味的地方？这些疑问的产生，激发了学生们去实地一探

沿河城研究专家师昌璞老师做讲座

究竟，揭开它神秘面纱的欲望。

看历史

历史调查既是一种学习方式，也是一种学习评价方式。通过丰富多样的历史调查活动，可以考查学生综合运用历史知识分析问题、解决问题的实践能力。

经过充分的资料准备和专家的专业讲解，完成几节课的室内研修之后，史地组部分老师和研究小组的学生一起来到了久闻其名的沿河城村进行实地考察。

一进村，一行三十多人就受到了村主任和村委书记的热情接待。他们向师生介绍了沿河城村的历史、人口、土地、生产、旅游资源、规划发展等方面的基本情况，然后带领师生实地领略古村风貌。大家行走在古色古香的街道上，穿过四通八达的小巷，考察了永胜门、上衙门、小校场、古民居、万安门等遗迹，感叹小城的古朴典雅。站在城外公路上仰视古城墙，孩子们从残垣断壁中体味历史的沧桑，耳边仿佛想起了当年的金戈铁马之声；瞻仰代表沿河城村尚武精神和牺牲精神的沿河城革命烈士纪念碑，登上保存完好的"沿字三号空心敌台"，孩子们感受到这座军事要塞的精巧设计、独具匠心。

最后，他们参观了下衙门（今为邮局）、古戏台、老君堂（曾为学校）、护城河道，站在城墙上，古城全貌尽收眼底。

在实地考察过程中，研究小组的学生关注了沿河城村的军事要塞、宗教文化、教育发展、革命贡献、民居

沿河城研究小组实地考察

建筑、自然景观、交通、餐饮等专题，通过文字记录、拍照、录像等方式获取了大量资料，为解开关于古城的一个个疑问奠定了基础。

析历史

经过历时几个月的室内探究和室外考察，孩子们梳理出沿河城村成为城的缘由。

根据人口调查，沿城村村民的姓氏很丰富，不同于一般自然村村民集中于一两个大姓的情况。因为沿河城村村民的祖先来自全国各地，他们共同驻守这个京西咽喉要塞。也就是说，沿河城村村民的祖先实际上是守卫京城的官兵。当年这些官兵吃皇粮、拿军饷，从主要经济收入类型判断，他们属于非农业人口。

根据地貌分析，沿河城村外是以白云岩为地质背景的巨大地壳断裂形成的高山深谷，永定河沿着深邃的裂隙蜿蜒曲折而行，溯河而上，就是连接蒙古高原与华北平原的河北张家口地区。从土地利用类型判断，这里不是发展种植业的良田，却是"一夫当关、万夫莫敌"的军事重地。

根据遗址推断，沿河城村的围墙类似古长城，有架设武器的垛口，有躲藏士兵的围垛，城墙上有巡逻用的通道，东西南北均有人马能够通行的城门，城门上高悬"永胜门"的汉白玉匾额，城内有用于军事训练的校兵场遗迹。从城市发展类型来看，这里曾是一座军事重镇。

根据文化分析，沿河城村有古城隍庙遗迹，有高高的古戏台，有拥有三百多年历史的小学校，学校旁有孔庙遗迹。从文化发展而言，这里经历了城市化进程。

悟历史

撰写历史习作是探究性学习成果的呈现方式之一，也是历史学习评价的一种方式。通过撰写历史习作，可以考查学生的历史思维能力、语言文字表达能力、收集和处理信息的能力等。

经过资料研究、专家讲座、实地调查之后，课题组成员又重新聚到了一起。学生掌握了大量材料，也有了很多思考，这时就需要通过历史写作，让他们把自己的所看所思展示出来，体会学习历史的乐趣，展现个性特长。

张金明老师就如何分组合作研究、如何处理历史信息、如何撰写历史研修报告、如何展示汇报、如何提出自己的思考和建议做了认真仔细的指导，设计了展示汇报提纲，安排了结题日程。

研究小组的学生经过分工合作，都写出了自己的历史研究报告，展示了研究成果。在这个过程中，他们还掌握了学习历史的方法，增长了历史思维能力，对自己未来的学习和研究充满了信心。

研究小组成员在进行分组结题报告的讨论

沿河城古村落研究结束后，张金明老师带领学生共同撰写了关于保护并开发沿河城村的提案，门头沟区政府高度重视并及时给予了答复。

通过寻找证据的探究过程，学生体验到古村落研究意义深远，爱上了家乡的小村落，也爱上了历史研究。

教师是国家课程标准的最终践行者。《普通高中历史课程标准》在开发利用课程资源、深化教学与评价改革等方面都提出了更新更高的要求。张金明老师带领学生开展的这一研究不仅有利于帮助学生了解家乡、认识家乡，激发学生的爱乡之情，更有利于转变"历史就是死记硬背"等学习观念，转变"唯分数论"等学习评价方式。

　　山谷里的孩子爱山谷吗？不一定，这取决于他在山谷中真实的实践体验。缺少真实体验的爱是叶公好龙式的虚无的爱，缺少美好体验的实践无法孕育出源自内心的爱。只有当我们带领学生走进山谷，获得真实而美好的实践体验时，热爱山谷、尊重自然的价值观才能坚实稳固。

4. 男女生第一次手拉手跳集体舞

恢复篝火晚会

一所好学校，所有在校生都在这里憧憬未来，所有毕业生都到这里回望青春。学校里常有校友回来看看，我们以为他们是回来看望老师或看望母校的，其实不尽然，他们回来更是为了回望青春时的自己。这里曾经拥有他们的青春故事，而且是他们喜欢回味的美好的青春故事，最好是以他们为主角的美好的青春故事。

德育主任杨勇说："我们要建设一所令人难忘的学校！"什么是校友难忘的？我们对全校几百位校友进行了访谈："您在这个学校生活、学习了三年或六年之后，您最难忘的活动是什么？"校友们几乎不约而同地回答："篝火晚会！""为什么最难忘的活动是篝火晚会？"有的校友面带羞涩地说："因为第一次男女生手拉手围着篝火跳集体舞。"有的校友说："因为每年都是在'五四'青年节举办篝火晚会，那是'五四'精神的传承。"校友对篝火晚会留恋到什么程度？有的校友开车上班路过学校，透过栅栏看到校园里学弟、学妹在练习集体舞，他们会把车停下来，在栅栏外驻足观看，边看边回忆自己上学时为了迎接篝火晚会练习集体舞的场景。有的校友已经是在校生的家长了，当我在家长会上谈到篝火晚会时，他还会激动地向我描述自己当年参加篝火晚会的心情。但是，自从大峪中学搬到新校区，土质操场变成塑胶操场之后，举办篝火晚会的传统就没法延续下去了。因此，最令校友怀念的经典活动——篝火晚会一停就停了 13 年。

确保安全

作为大峪中学校友的杨勇老师成为学校的德育主任之后，决心将篝火晚会重新办起来。这并不是一件容易的事。他和后勤主任高建新两人一次次开车进山勘察，努力寻找一个能容纳 2000 多名学生举办篝火晚会的场地。最后，杨勇终于在自己的家乡斋堂附近找到了一个理想的场地。为了确保安全，杨勇和高建新两位主任开着私家车反复踩点之后，一遍遍叮嘱为学生驾车的大巴车司机们：哪条路太陡，无论如何不能走；哪条路比较平缓，请大家走这条路；在哪个路口、哪个方向可能会突然来车，要小心；一定要减速慢行……经过一系列筹备之后，篝火晚会终于要举办了。

千人派对

傍晚放学之后，我们全校师生浩浩荡荡地乘坐几十辆大巴车向山里进发。师生们到达场地时，舞台已经搭建完成，点燃篝火的材料也已准备好。全校师生首先观看了学校各类社团的表演，有合唱、舞蹈、民乐演奏、京剧、相声……所有学生社团都可以在这个篝火晚会上尽情展示这一年的训练成果。

点燃篝火的时刻终于到来了。谁来点燃篝火？临近退休的老师、新参加工作的老师，不同学科、不同年级的老师，不同天赋、不同年龄的孩子，大家站出来，高举火炬，一起点燃了篝火。

每一簇篝火旁围坐着不同年级的学生，当一簇又一簇篝火燃起的时候，整个操场沸腾了，各个年级的孩子们围着篝火，随着音乐欢跳集体舞。新疆内高班学生尤其抢眼，他们身着民族服装，率先围着篝火尽情欢跳。本地班的孩子们先是羡慕地观看新疆同学跳舞，热烈地为他们鼓掌喝彩，很快他们也加入其中、舒展肢体，围着篝火共同起舞。高三学生即将毕业，他们自发地手拉着手，围着篝火一起向班主任高呼："冯老师，我们爱您！冯老师，您是我们的冯妈妈！"平时不苟言笑的班主任冯云霞老师，在熊熊燃烧的篝火旁，在载歌载舞的学生中间，也忘情地和学生一起跳舞！很多孩子用手机记录了欢乐的场面，当天晚上，师生的 QQ 空间、微信朋友圈，都被这场篝火晚会刷屏。孩子们自豪地把这场晚会称作"千人派对"。

篝火晚会

篝火晚会结束了，高三的孩子们仍然围着音箱大声地唱着他们所有能想起来的歌曲，迟迟不愿退场。孩子们围着音箱，无论唱歌好听还是不好听、跑调还是不跑调，歌词记得还是不记得，每一个人都亮出最大的嗓门，尽情欢唱。老师们感慨："让孩子们尽情地唱唱歌，也是高三减压的好方法。"我也想起自己高三的时候，总是一边学习一边哼唱着那首《我多想唱》——"我想唱歌可不敢唱，小声哼哼还得东张西望。高三了还有闲情唱，妈妈听了准会这么讲。高三成天地闷声不响，难道这样才是考大学的模样，可这压抑的心情多悲伤，凭这怎么能把大学考上……"终于，火焰渐渐熄灭，欢快的歌声分散到各条小路上。

夜深了，该组织孩子们入睡了。睡在哪里？杨勇、高建新老师把所有能住的地方都利用起来。有人住到农家院里去，有人住到营地里去，有人住到宾馆里去，有人睡大通铺去，更多孩子跟着杨勇老师和体育老师学习怎样在野外搭帐篷。营地里很快就支起了一顶又一顶帐篷。男生区的帐篷搭起来了，男孩子们在帐篷里一起闹，一起笑。女生区的帐篷搭起来了，女孩子们在帐篷里相互依偎，一起唱歌，细心地整理帐篷，不愿睡去。

后来，北京市教委的领导和一些老师到大峪中学进行督导访谈，在学生座谈会上，孩子们热情地向来访者介绍自己的学校。他们说："我们不羡慕进城读书的孩子，因为他们有的我们都有，但是我们有的，他们却不一定有，比如我们最喜欢的'千人派对'在城区学校是难以实现的。"可见篝火晚会给学生留下的深刻印象。

虫子风波

年龄比较小或身体比较弱的孩子们被安排到住宿条件相对较好的农舍里。半夜，我的手机开始涌入大批短信。孩子们大呼小叫："床上有虫子！"他们惊慌失措、委屈无助地向班主任老师诉苦、向德育主任诉苦、向体育老师诉苦、向校长诉苦、向家长诉苦，向所有他们能倾诉的人诉苦。篝火晚会的欢乐被床上的虫子冲散了。这时，孩子们满脑子都是虫子的问题，他们没法睡了，跑出来找老师，宁愿在楼道里坐着，宁愿在楼门口站着，也不愿意到有虫子的床上去躺着。上铺和下铺的孩子一起抓虫子，住在一块儿的孩子一起去找老师抱怨。面对孩子们的慌乱和抱怨，老师们一边安抚他们，一边告诉他们：山谷里不只有花，不只有树，不只有自由自在，真实的山谷里还有虫子，真实的山谷生活还有艰苦的环境和辛苦的劳作。

有虫子的夜晚，意外地让孩子们体验了真实的山谷生活，但是也给老师们带来了计划外的辛苦和疲惫。为了给孩子们腾出更多能住的地方，很多老师一夜没睡。年级组长朱景林老师带着一些班主任老师在大巴车上睡了一晚。德育主任杨勇老师带着体育老师和另一些班主任老师干脆就在走廊里坐了一宿，他们一边安抚着因为虫子而大呼小叫的孩子们，一边盯着那些不想睡觉老想跑出来玩的男孩子，同时还为山谷寒夜里孩子们会不会冻着、是否安全而操心。为此，杨勇老师一夜无眠。

第二天早晨，虫子、寒冷、疲劳、倦怠都随着太阳的升起而烟消云散。老师们组织孩子们重新回到大巴车上，几十辆大巴车浩浩荡荡地把这些感受了真实山谷的孩子们拉回学校。我们相信，无论是扯着嗓子唱、拉着手跳，还是被虫子惊得大呼小叫，都将是孩子们青春生活中不可抹去的记忆。这次篝火晚会是诠释"山谷自然是青春生活的舞台"最好的案例。从此之后，杨勇老师更加坚定了建设一所令人难忘的学校的工作愿景。

5.自愿上战场的马栏青年

门头沟区是平西抗日根据地，是革命老区，有些学生和教师家中还保存着已经磨损发黄了的军属证或烈属证。当年，先辈们自愿参加抗战，流血牺牲，假如再次面临战争，青年们还会自愿上战场吗？

在抗战胜利 70 周年的那个暑假，德育主任杨勇带领学生党校的成员一起开发了山谷信念课程。他在门头沟区选了七个革命传统实践基地，包括斋堂的平西抗日根据地挺进军司令部、电视剧《潜伏》男女主人公的原型曾经工作过的妙峰山情报站、黄安坨毛主席批示地、王家山惨案发生地、京西第一党支部等。然后，他和几位老师一起开着车，带领孩子们走进这些基地。怎样才能引导孩子们更好地传承红色基因呢？显然，如果我们只是带孩子们到革命传统实践基地聆听讲解员的讲解，只是观看有限的展板和少量的文物，难以达到让孩子们传承红色基因的目的，因为在和平年代，学生难以体会硝烟弥漫的战争年代的苦难。

怎样创造模拟体验的机会？——让学生自编自演话剧。每到一个基地，学生党校的孩子们都先听讲解员讲解，再仔细看解说词、展板和文物，然后从中选取最能打动自己的情节，现场编话剧、演话剧、录话剧，之后再回看自编自演的这些话剧，进一步调整后再演、再录，最后把这些录像带回学校播放给其他同学看。如此下来，学生对于红色传统就进行了几次不断深入的思考和体验：第一次是听讲解、看文字；第二次是提炼打动人心的情节；第三次是把这些情节通过自己的表情、动作、语言演绎出来，再现当时的革命历史；第四次是把它录下来自己回看、调整、重演；第五次是回到学校后把这些录像播放给其他同学看，把红色信念传播给其他同学。经过这些过程，这些信念就渐渐地融入了孩子们的价值观和信仰里。

例如，在著名的斋堂镇里有一个英雄的小山村叫马栏村。在日军侵华时，马栏村全村 40 名青年壮士自愿组建马栏排，奔赴战场。后来这 40 位壮士全都牺牲了。马栏村的村民为了纪念他们，在马栏村主干道的地面上，铺设了 40 颗钢铁红星，每一颗红星象征当年的一位英雄。沿着这条红砖小路，绕过一颗又一颗锈迹斑斑的钢铁红星，人们对这个小村庄肃然起敬。远处的大山上有两个红色大字"马栏"，以这两个红色大字为背景，五星红旗在这个小山村里高高飘扬。与当年壮士们同龄的学生听讲解员讲解时，都被英雄的事迹所感动。杨勇老师引导孩子们把这个感人的故事演出来，孩子们从中捕捉到一个最能打动他们的情节——送子从军，于是，大家决定以此为主题在这里拍一幕话剧。

孩子们根据自己的体会编写剧本、表演，但是他们演完后，老师却觉得完全不是那么回事。在他们的表演中，有的学生演母亲，有的学生演壮士，送别的时候，母亲对壮士说："儿子，你出门在外，要注意安全啊！"壮士对母亲说："娘啊，您在家里要保重身体啊！"娘和儿子抱在一起，哭着送别。这就是孩子们想象的当年马栏村壮士自建马栏排奔赴抗日战场前与母亲道别的情景。虽然这个情景映射了和平年代孩子和母亲之间的关系与交流方式，但是与当时的情景相差甚远。老师启发学生："请大家再想想，当年自愿上战场的壮士们和母亲道别的情景，与今天孩子们离家外出和母亲道别的情景有什么不同？如果母子抱在一起痛哭，那是被拉壮丁，还是主动上战场？"经过思考，孩子们觉得自己的话剧应该进行调整。他们改写了剧本，在重新表演的过程中，壮士自愿上战场的英雄气概更好地表现了出来。当学生党校的孩子们能准确表达出当年壮士的英雄气概时，红色基因就传承下来了。

学生党校学员自编自演《送子从军》

杨勇和其他几位老师继续带领学生向下一个山谷信念课程基地出发。在王家山惨案发生地，面对着先辈在这里惨遭杀戮的遗迹，学生的民族情怀和国家意志在心中升起。他们走到雁翅京西第一党支部，演绎当年共产党员在一所农村小学里建立京西第一个党支部的情景。他们走到妙峰山情报站，结合电视剧《潜伏》里的情节，演绎了妙峰山情报站里革命工作者和敌人斗智斗勇的故事。一个又一个山谷信念课程基地开发出来，更多的红色传统被传承下来。

人的情感、态度、价值观的形成都与体验密切相关，只有千方百计地为学生创设体验的环境，并在学生体验的过程中加以引导，美好的情感、态度、价值观才能真正进入学生的心里。

第三章 ︱ 山的宝藏

大山谷里埋藏着无尽的教育宝藏，等待着师生去探寻和使用。大山谷是教育教学天然的舞台和平台，是引导学生学习、探究的最好的问题库和案例库。当我们跟随不同领域的科学家走进大山谷、研究大山谷时，熟悉的大山谷让我们有了更多恍如初见的新奇感。古火山口在哪里？潭柘寺的竹叶内生菌是怎样发挥作用的？京西古道的蹄窝到底是怎么产生的？为什么三家店地区会有盛极一时的山西会馆？一个个追问激发起师生无尽的探究愿望。

　　人们常说："问题是探索的起点和动力。"但什么是问题的起点？我们认为大自然是问题的起点，所有问题都源于人类对自然的认识与适应。学生学习动力不足的原因是什么？一个重要的原因是学习内容与原始问题之间的距离太远了。学习内容是前人从自然现象中逐步抽象、提炼而来的，当抽象到一定程度时，学生难以看到本源，也就难以获得探求自然的根本动力。学习成绩和升学压力都不是本源性动力，因此无法从根本上促进学生持久学习。怎样引导学生获得根本动力？我们的做法是把"纸上谈兵"的知识还原为自然探索中的问题。尽管我们不可能也不应该把所有的学习内容都还原到自然探索中，但选取恰当的知识内容，将其还原为自然探索问题是有必要的，而且能令师生兴奋不已。

1. 山谷里的中草药

绿野芩踪

"绿野芩踪"是由北京市中医研究所的科研专家、灵水村灵溪实践基地的老师、学校的生物老师和学生共同完成的一个山谷课程。这个山谷课程开展得并不费力，它开阔了教与学的视野。我们选择了一个能够确保学生安全的小山沟，只用了半天时间在绿水青山间徜徉，就得到了丰富的课程内容。

我8月15日到大峪中学报到，9月18日就按捺不住想要尝试开发山谷课程。我们到高一的两个班里去问："你们班里有哪些同学长大后想当中医？"有8个孩子举手。"好，你们和家长说星期五晚上不回家，我们一起进山去研究中草药。"话音刚落，学生就兴奋地讨论起来。

孩子们非常喜欢晚上不回家的活动，所以星期五一放学，他们便迫不及待地站在校门口，蹦蹦跳跳地等着老师带他们出发。

这次活动带队的是陶术研老师，他是一位非常有经验的综合实践活动老师，当时已是北京市骨干教师，后来又被评为北京市特级教师。我们放学后出发，进山时天已经黑了。怎么办？——做讲座。我们邀请随行的中医博士生给大家做讲座，给师生讲什么是中医、什么是中药、什么是中药学等。第二天早晨，陶术研老师在专家还没有醒的时候就把这8个孩子叫到会议室，问他们："今天我们就要进山采黄芩了，关于黄芩你们想研究些什么？"有的孩子说："我想研究开发黄芩的历史。古代诸侯分据时期，诸侯为了避免白银外流，不允许老百姓用白银买南方的茶叶。于是，老百姓就到山里采摘各种树叶泡水喝，哪一种树叶味道更好喝，就把哪一种树叶开发为新的小种茶。那段时间，门头沟区开发了一系列小种茶，例如黄芩茶、酸枣芽茶等，我想研究这段历史。"有的孩子说："黄芩有提高免疫力的作用。我妈妈是研究用西医的方法治疗癌症的医生，我想知道能否把黄芩加入治疗方案，中西医结合，降低药物成本。"孩子们一个接一个地说出了自己的想法，这说明前一天的专家讲座成功了。专家讲座不是越多越好，也不是越难越好，关键是在讲座之后，听众感兴趣——如果听众对讲座的研究方向感兴趣，聆听讲座之后有了进一步探索的愿望，那么这场讲座就成功了。因此，山谷课程的第一步是"诱"，即"诱人上钩"。

早饭后大家一起进山，在山里一边散步一边采集标本。随行的中医专家每看见一种中草药就会告诉孩子们这是什么，有什么药用价值。一路上，大

到野外采集黄芩标本

家认识了地黄、黄芩、丹参、益母草、金银花等，也了解了它们的药用价值。专家告诉大家，门头沟区至少有一百多种中草药，其中可供研究的至少有六十种，中学生能研究的至少有四十多种。美术老师贾茹在野外带领孩子们把这一百多种中草药画了下来。语文老师

师生开展野外中草药写生

王蕾带领孩子们根据每种中草药的药用价值，为每种中草药赋诗。同学们把自己做的诗题写在自己的画上。大家一边走、一边认、一边采、一边画、一边吟诗。从野外回来之后，王蕾老师把孩子们绘制的中草药主题画都装裱起来，挂满了行政楼三楼和四楼的楼道。一位喜欢书法的孩子为此题写了一幅书法作品"云深不知处，随师采药去"。王蕾老师给这门课程起了一个好听的名字"绿野芩踪"。贾茹老师还把孩子们的中草药绘画作品汇总成一幅百米长卷，在北京市艺术节比赛中获得了一等奖。

　　野外考察路线的尽头有小瀑布、小池塘、小凉亭。我们坐在亭子里休息，有两个孩子的外公是老中医，她们向大家介绍了"老中医是什么样的人"。一个孩子说："我外公脾气特别好，只要有人来看病，无论是白天还是晚上，他都起身给人家看病，对每个病人都特别有耐心。"另外一个孩子说："我姥爷脾气也特别好，无论病人有钱还是没钱，身上干净还是脏，他都会耐心地为病人看病。"两位博士生也向孩子们介绍了他们的导师——一位中医院士："他也是脾气特别好的人，总是会顺着我们的思考方向来帮助我们选择课题和完成课题，循循善诱，润物无声。"向孩子们介绍老中医和中医院士的过程就是在孩子们心中树立生涯榜样的过程。

　　标本制作完成后，孩子们用剩余的报纸和黄芩做成花束送给我。我捧着

这一束黄芩花对孩子们说："这束紫色小花特别好，因为它朴素而有用，我们做人也要做朴素而有用的人。"德育已经无声地浸入学科教学和综合实践活动中了。

午饭后，师生们结束活动返回家里，这次野外活动告一段落。

孩子们采集了很多黄芩标本，怎样利用这些标本进行更加深入的研究？在随后到来的国庆长假里，10月4-6日，陶术研老师连续三天带着学生走进北京市中医研究所的实验室开展研究。在李萍副所长、何薇教授和曾祖平教授的共同指导下，孩子们决定开展不同生境下黄芩药用成分黄芩苷含量的比较研究。他们分别比较了海拔400米的黄芩和海拔900米的黄芩、人工的黄芩和野生的黄芩、阳坡的黄芩和阴坡的黄芩、一年生的黄芩和多年生的黄芩、门头沟区的黄芩和国家药典里的黄芩中黄芩苷的含量。孩子们背着满满一袋子黄芩标本赶到实验室，利用研究所里的实验设备进行实验分析，在实验室里泡了整整三天。陶术研、孙红泽老师也陪着孩子们泡了三天，何薇教授和当时脚踝骨折的曾祖平教授也陪着师生们泡了三天，全程陪伴、指导孩子们进行实验。

10月7日，孩子们分别回家整理实验数据、撰写实验报告，老师通过电话或邮件帮助孩子们修改和完善。10月8日返校后，这8名学生举办了一场"山谷论坛"，向全年级同学介绍他们研究黄芩的过程。其他孩子听了之后也跃跃欲试，希望今后也有机会走进山谷，参加山谷课程。

陶术研老师进一步辅导青年教师提炼"山谷课程"，将其转化为"山谷课

师生在北京市中医研究所

堂"。陶术研老师的徒弟青年教师孙红泽把 8 名学生在研究黄芩的过程中发现的问题提炼出来，转化成课堂问题链，在问题链的牵引下，全班同学都跟随这 8 名同学的历程，在教室内体验研究过程，分析实验数据，检验实验结果。由此，我们把课外的山谷活动浓缩提炼为课内的山谷课堂，把部分学生的山谷探索扩展为全体学生对山谷的认知和探索，即"回归课堂"。一个又一个山谷课程回归到课堂后，大峪中学课堂教学的理念和面貌发生了根本改变。

一发不可收

关于黄芩的研究并没有到此为止，反而变得一发不可收，不仅生物老师、语文老师、美术老师参与了"绿野芩踪"课程，更多学科教师也都参与进来。

政治学科的赵红梅老师说："我们也可以参与，因为思想政治教材里有一节就是讲企业家的素质。"门头沟区大台村的张建民女士带领全村人一起种了万亩黄芩茶园，带领全村人民脱贫致富，并且创建了自己的企业"灵之秀"，成为京西著名的女企业家。赵红梅老师带领孩子们去采访张建民董事长，采访之后，孩子们把访谈资料汇编成一本课程手册，并为自己的课程手册起了一个好听的名字——"什么样的叶子可以成为茶"。

工作不满一年的历史学科杨秀敏老师参加了北京市教学比赛，她的选题是"中国古代杰出的中医药学家李时珍"。她开篇就讲："同学们研究黄芩的经历是怎样的？李时珍在《本草纲目》里是怎样记录黄芩的？李时珍一生一共研究了多少种中草药？"孩子们通过自己研究黄芩的经历自然而然地就能体会到李时珍一生研究那么多中草药的伟大之处。杨秀敏老师这节课的结束语是"让我们一起循着黄芩的芬芳，徜徉在山谷书院之间"。这节课一举获得了北京市教学比赛的一等奖。

语文老师张贺举办了"春茶雅集"，带着学生模仿中国古代文人，一边品茶一边吟诗作对。通用技术老师杜春梅带领学生提取黄芩中的色彩，了解黄芩的价值，用彩色的纸设计制作了以"绿野芩踪"为主题的纸模服装，获得了北京市通用技术学科纸模服装表演比赛一等奖。

当各学科教师陆续获奖之后，我暗自思考：刚刚参加工作教龄不满一年的小老师，怎么就拿到了北京市教学比赛的一等奖呢？为什么一个"绿野芩踪"课程在各学科都能获得同行专家的认可？后来我明白了，正如《围城》中写的一样，山谷里的人想看山谷外的世界，山谷外的人想看山谷中的世界！后来有更多实践证明，每当我们的老师用山谷里的素材，到北京市、到全国去参加教学比赛，都会获得很好的成绩。例如，地理老师孟田田带领学生用全球卫星定位系统（GPS）研究门头沟区山谷中聚落的变迁，获得了北京市地理教学比赛一等奖；生物老师孙红泽在中国高等教育学会教师教育分会主办的综合实践活动学术年会上的现场展示课《秋风扫落叶 正反知多少》获得了全国一等奖；杨秀岩老师研究永定河在陈家庄河段的返老还童现象，获得了 2015 年度全国地理优质课特等奖。一个又一个山谷课程得到专家、同行的认可，获得各类奖项。

一朵小小的紫色黄芩花，能为各学科的教育教学提供课程营养。由此可见，实践问题是多学科教师合作的最好的抓手。我们都希望学校里各个学科的教师团结起来，怎样才能团结？各学科教师在共同做事中才能实现真正的团结，就此来说，实践问题是最好的"共事之事"。

继黄芩研究之后，师生们又研究了地黄、柴胡、铁皮石斛等一系列中草药；研究了门头沟区的中草药之后，他们又走进了北京药用植物园、广西药用植物园、云南药用植物园。张艳霞老师、陈静老师带领学生赴河北药材基地研究柴胡，编写了课程手册《和解柴胡》。

开发模式

通过这个例子，在北京市特级教师王能智老师的指导下，我们提炼出山

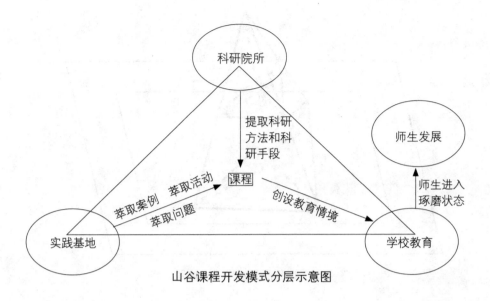

山谷课程开发模式分层示意图

谷课程的开发模式。

　　山谷课程开发模式分层示意图中的三角形有三个顶点。左下角的顶点是实践基地，就是灵水村旁边的小山沟，我们从这里萃取案例、萃取活动、萃取问题，打个比方，就相当于从这里抱回来一颗大白菜。科研院所处于三角形上面的顶点，我们从科研院所的专家那里求得了科研方法和科研手段，这就相当于从那里借来了一把刀，用这把刀切那颗大白菜。烹饪大白菜给谁吃？给师生吃，三角形的右下角就是学校教育。师生喜欢怎么吃？喜欢吃炖白菜，我们就加水；喜欢吃醋溜白菜，我们就加醋。怎样判断师生是否爱吃呢？这就要看师生是否进入了琢磨的状态。因为琢磨是人生最好的状态。如果师生进入了琢磨的状态，我们就为师生发展提供一个好的情境。情境这个词，"情"是欲望，"境"是真实的场景。能够激发师生学习和研究欲望的真实场景，才能称为一个好的情境。一个好的课程要不偏不倚地刚好在三角形的重心上。

　　"绿野苓踪"是一个三角形、"和解柴胡"是一个三角形、"地黄止血"是一个三角形、"古村落"是一个三角形……一个又一个山谷课程开发出来，逐渐向上累积，就变成了一个三棱锥（见下图）。

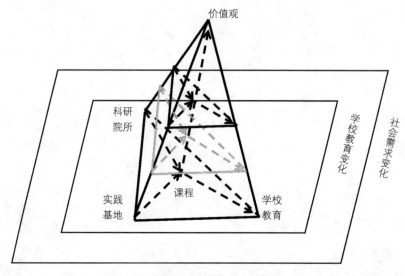

山谷课程的开发模式立体图

在山谷课程开发模式立体图中，三棱锥的顶点是什么？我们是想让学生知道黄芩中到底有多少黄芩苷吗？显然不是。我们是想让学生学会提取黄芩苷和比较黄芩苷的方法吗？也不全是。我们最想让学生得到的是价值观教育，是希望通过带领学生在科研人员身边学习、成长，让他们逐渐崇拜有道德的人，崇拜有学问的人，崇拜知行合一的人，这就是我们的校训"崇德尚学，知行合一"。如果孩子们崇拜了有学问的人，崇拜了有道德的人，我们还用担心他们不爱学习、不守纪律吗？一旦他们有了这样的价值观，无论他们将来走到哪里，价值观都会支配他们的行为，这就是价值观教育的意义。我们今天写教案，先写知识与技能，再写过程与方法，最后才写情感、态度与价值观。终有一天教育者会意识到，教育最终的追求在于培育美好的情感、态度与价值观，这是最重要的教育目标和教学目标。

这个三棱锥是学校的特色课程体系，是学校教育的重要支撑。学校教育如同一艘船，这艘船漂浮在社会需求的海洋上。因为社会需求的海洋在不断变化，学校课程也要不断变化。如果我们不能适应社会需求的变化，学校教育就有倾斜甚至倾覆的危险。这就是我们要进行课程改革的原因。

2. 田野里的秸秆

为了更好地培养青少年拔尖人才，北京市教委组织实施了"翱翔计划"，旨在充分发挥首都科研人才众多的优势，邀请科研工作者参与培养青少年的科学素养和创新实践能力。

在北京市"翱翔计划"项目主任张毅的帮助下，我们邀请到了中国科学院理化技术研究所的季君晖教授。季君晖教授给我们出了个主意——研究门头沟区农田里的秸秆，把秸秆变成可降解塑料。特级教师陶术研老师、邵正亮老师很快就带着学生从田野里抱回来一大捆废弃的秸秆。季君晖教授带着

他的助手许颖老师到学校为师生们做耐心的讲解，启发大家思考：怎样把秸秆变废为宝？塑料对环境有哪些不利影响？把废弃秸秆变成可降解塑料对环境和产业有哪些影响？特级教师邵正亮带领化学组的各位老师开始投入研究。陶术研、陈鲲两位

中科院季君晖教授指导学生研究把秸秆
制成可降解塑料

老师带领学生到中科院季教授的专业实验室去学习科研工作者的研究方法。学生开始一点一点地尝试，他们阶梯式增加添加剂的浓度——10%、15%、20%、25%……逐步递增到75%，通过实验数据比较添加剂浓度不同时塑料柔韧性的变化。

学生希望用自己研制的可降解塑料制作一些有用的物品。他们绘制了很多有创意的设计图，然后开始练习制作。不过大家发现，即使是一个最简单的杯子，做起来都很难。高瑞焱老师把家里给孩子做蛋糕的不锈钢托拿到实验室里，大家往钢托里浇注可降解塑料溶液，但是做出来的成品是实心的，不能当杯子用。大家继续想怎么制作空心的杯子，想到可以用两个钢托套着制作，但是大家又发现，由于没有工业化模具，可降解塑料不能快速冷却，也不能高压定型，所以做出来的杯子总是凹凸不平，不成形状。这时，孩子们想到科学研究要与生产相结合。邵正亮老师又带着孩子们到江苏专门开发制作可降解塑料产品的企业去考察，观察企业怎样用生产流水线制作产品，然后委托企业帮助孩子们制作他们想要的物品。在讨价还价中，孩子们体会到环保产业存在成本高、价格高、大众难以接受等一系列问题。

在研究可降解塑料的过程中，邵正亮老师深切地体会到"山谷书院"的含义，他和美术老师丁宁一起构思了一幅画：两位仙人静坐山间切磋问道，题为"问道山谷中"。学生姜添元高三毕业的时候，带着这个课题参加了清华大学的自主招生面试，最终获得了清华大学20分的加分奖励。

这一届学生参加高考的时候，孩子们的有机式推断题得分非常高。邵正亮老师说，他们之所以得高分是因为他们自己把秸秆变成了塑料，用塑料做成了杯子。那时，他们非常希望能用有机化学分子式表达他们做的杯子到底是由什么物质做成的，于是就不断地推导自己研究成果的有机化学分子式。经过了这样的学习和练习，高考题里的有机式推断对于他们来说就太简单了。

在整个研究过程中，秸秆成了点燃教师专业发展的捻儿，成了点燃学生走进科学的捻儿。这些课题回归到课堂之后成为点捻儿课堂。

迈出教材半步后，干部、教师、学生甚至专家都有了更广阔的视野。创建点捻儿课堂的过程中，每一堂课都是教师的一次艺术创作。为什么要"点捻儿"？是因为我们在有限的课堂上是难以穷尽所有知识的。既然教师没有办法把所有的知识都教给学生，那么在有限的课堂里最重要的事就是"点捻儿"。当我们点燃孩子们探究新问题的捻儿的时候，他们就会主动地投入更多时间开展更深入的学习和研究。

3. 高山上的玫瑰

门头沟区妙峰山镇涧沟村和禅房村盛产高品质的高山玫瑰。这种玫瑰叶瓣厚，出油率多，可以食用，被称为"金顶玫瑰"。学校里地理、生物、化学、美术、劳技等学科的老师们先后带领学生从不同视角对妙峰山玫瑰开展了研究。

地理老师的玫瑰

地理特级教师李宗录和博士毕业的郝春老师首先进山勘察，他们跟随门头沟区人大常委会副主任谭杰，一起登上妙峰山提前踩点。在带领学生考察那天，大家凌晨四点多集合出发，在"朝霞未至，夜露未干"的时候登上妙峰山。看到晨曦中漫山遍野的玫瑰花海，孩子们欣喜雀跃。

地理老师引导学生研究高山玫瑰园的水土保持方法及各种方法的效果。高山上的玫瑰园如果不做水土保持工程，有限的土壤养分就会流失，玫瑰就不可能有很好的产量。在中科院科学家的指导下，妙峰山玫瑰园采用了多种水土保持方法，例如修筑水平梯田、用石头或废秸秆阻挡水土流失。师生每上一个台阶，就能看到一种新的水土保持方法。中科院科学家指导下的玫瑰园水土保持工作做得富有意趣，而且严谨规范。

走进妙峰山镇的玫瑰加工厂，大家看到几十公斤的玫瑰花瓣经过一道道工序，最终提炼成珍贵的玫瑰精油。几十公斤的花瓣才能提炼出很少的玫瑰精油，因此，玫瑰精油被称作软黄金。

妙峰山玫瑰加工厂厂长向学生介绍高山玫瑰

　　回到学校后，学生们在地理老师的指导下研究玫瑰文化。他们搜集了世界各地的玫瑰品种，有关玫瑰的传说，关于玫瑰的经典诗词、名言和歌曲；研究了玫瑰的栽培历史、生长环境、分布规律。他们还了解了玫瑰的相关产业：在食品加工业，玫瑰可以被做成玫瑰酱、玫瑰茶、玫瑰饼；在中医药产业，玫瑰可以被做成中药材玫瑰凝露；在园林绿化产业，玫瑰可以作为绿植，美化环境。他们提出妙峰山镇可以根据玫瑰文化发展相关产业的建议：与婚庆产业相结合，提供婚礼用花服务；与旅游休闲产业相结合，修建小木屋，建设妙峰山玫瑰庄园；打造玫瑰宴，弘扬玫瑰的饮食文化等。

　　学生们进一步分析了妙峰山镇玫瑰产业发展的区位条件，即玫瑰产业的自然区位优势和社会经济条件。同时，他们也通过相关数据分析出妙峰山玫瑰产业发展的限制因素：自然区位的限制因素是降水的不稳定性；社会经济条件的限制因素是由于深居山村、人口外迁严重而导致的劳动力不足的问题。

生物老师的玫瑰

地理老师带领学生做的研究引发了其他学科老师的兴趣，更多学科的老师开始沉迷于玫瑰主题。生物老师和地理老师联合起来研究玫瑰的化感作用。化感作用，简单地说就是一种作物的种植对周围其他作物生长的影响，这种影响有时是促进，有时是抑制。化感作用常常是通过降水浸泡枯枝败叶产生水浸液影响周围其他作物的生长。如果能够促进某种作物生长，那么两种作物就适合套种或者间种。

怎样研究妙峰山玫瑰的化感作用呢？老师带领学生们开展实验研究，对实验数据进行对比分析。他们研究玫瑰茎叶水浸液对受体种子的发芽率、发芽指数、幼苗生长、化感敏感指数的影响。在郝春、孙红泽、陶术研等老师的指导下，学生通过对大量实验数据的分析，得出了研究结论：妙峰山镇玫瑰园的玫瑰茎叶水浸液对玉米、油菜种子萌发的影响主要表现为化感抑制作用，随着水浸液浓度增大，抑制作用增强；对小麦、萝卜种子萌发的影响表现为低浓度促进、高浓度抑制的双重效应；油菜种子对水浸液最为敏感，受化感抑制作用最强。由此我们就可以向当地玫瑰产业园提供建议：在选择玫瑰的间作套种植物的时候，应该考虑它的化感作用，最好不和油菜间作，和玉米间作也不太好。但是低浓度的玫瑰浸液对于小麦、萝卜的种子萌发有促进作用，因此妙峰山玫瑰可以和小麦、萝卜套种。同时，学生通过研究还发现：玫瑰叶的水浸液的化感作用明显高于玫瑰茎的水浸液的化感作用。与之相关的还有更细致、更具体的一系列结论。

化学老师的玫瑰

化学特级教师邵正亮带领化学组的苗金明、李丽琴等老师也加入到玫瑰研究的队伍中来。他们研究什么呢？大家都说玫瑰精油对于女士有很好的抗衰老作用，是这样吗？师生们开始进行研究：妙峰山玫瑰抗衰老的有效成分是什么？这种有效成分的抗氧化作用怎么样？妙峰山玫瑰与其他地区的玫瑰相比，抗衰老效果如何？通过分析实验数据，师生得出结论：妙峰山玫瑰抗氧化的主要有效成分是黄酮，黄酮确实能够起到抗氧化即抗衰老的作用；和平阴地区的玫瑰相比，妙峰山玫瑰中抗氧化成分含量更高，也就是说，妙峰山的玫瑰确实是优质玫瑰。

高中学生的玫瑰

在北京化工大学黄雅钦教授的指导下，高一男生陈敬梓发现妙峰山玫瑰每隔三四年就需要进行一次大规模剪枝，如果不剪枝，玫瑰的产量会大幅下降。大规模剪枝期间，一方面玫瑰花产量骤减，另一方面大量玫瑰茎叶都被丢弃，没有产生任何价值。于是，他开始研究废弃玫瑰茎叶的开发利用。在中学老师的带领下，他走进北京化工大学黄雅钦教授的实验室，在教授的悉心指导下开展实验研究。他希望把废弃玫瑰茎制成多孔炭，用多孔炭治理水污染和空气污染。陈敬梓在北京化工大学的实验室里反复做实验，研究制备玫瑰茎基多孔炭的影响因素，比较不同碳化温度、不同活化剂用量下，玫瑰茎基多孔炭的结构和组成的不同，并尝试用它们来净化含铬废水或者阻拦 PM2.5。最终，他得出了自己的研究结论：用玫瑰茎可以制备出高比表面积的多孔炭；这种玫瑰茎基多孔炭能够对六价铬模拟废水进行净化，并且在 750℃、活化剂用量为预炭化产物两倍的条件下，玫瑰茎基多孔炭治理含铬的模拟废水效果最好。进一步研究后，他又发现，在 750℃、活化剂用量为预炭化产物三倍的条件下，制备出的多孔炭对空气净化的效果最好。他的研究为废弃玫瑰茎资源的有效利用提供了新的产业途径，这项研究获得全国"明天小小科学家"活动一等奖。

学生们在课题结束的时候畅谈感悟，高二的杜梦涵说："我的家就在妙峰山镇的涧沟村，但是我一直没有注意到妙峰山玫瑰，原来在我的身边就有这么美好的事物。这次参与妙峰山玫瑰课题的研究，让我有机会认识到家乡的美，让我有幸为家乡的文化经济发展尽一份力，我为我是门头沟人感到骄傲和自豪。"高二的姚宇鹏说："以前科学研究对我来说是陌生的，是高高在上、遥不可及的。通过参加妙峰山玫瑰抗衰老研究，我认识到科学就在我们身边，我了解了科学研究的过程，认识到查阅文献的重要性，认识到储备知识的重要性，认识到严谨的科学作风的重要性，更认识到科学研究是一件多么有意义的事情。"

学生设计、制作、展示以妙峰山
玫瑰为主题的纸模服装

美术教师王娜、贾茹、褚玉珍和通用技术教师杜春梅共同带领喜欢艺术的学生设计、制作了一系列以妙峰山玫瑰为主题的纸模服装，并进行了表演。

专家的玫瑰

其实，普通的中小学老师和中学生是难以独立完成上述这些课题的。这些课题研究的背后，都有热心帮助青少年成长的专家的支持。在研究结束之后，学生们撰写了数篇关于生涯榜样的文章。例如，最先带领孩子们走进涧沟村研究玫瑰的是门头沟区人大常委会副主任谭杰，孩子们通过访谈更深入地了解了谭杰主任。谭杰主任是地道的门头沟人，在担任斋堂镇党委书记时，他就和中科院、中国农业大学的教授合作，共同研究斋堂镇新的经济发展思路，撰写了《北京沟域经济发展的理论与实践》这本书，率先提出了沟域经济的系统概念。在回答学生提问的时候，谭杰主任的一句话深深地影响了孩子们："我生在农村，长在农村，干了大半辈子的农村工作。门头沟的哪个山头我没去过，哪条河沟我没蹚过，我真是对这片山水有感情。"学生在研究山谷玫瑰的时候，并没有在山谷里故步自封。研究之初，大家就邀请了北京化工大学材料科学领域的专家、博士生导师黄雅钦教授。黄雅钦教授从一开始就热情地为各学科师生提供智力支持和帮助。孩子们去采访黄雅钦教授的时候，记录了黄教授的人生格言："人生在于追求，成绩来自奋斗。"孩子们是这样描述她的："黄雅钦教授通过自己的不懈努力，成为我国明胶研究领域制定标准的专家。这些研究成果都源自她的勤奋和不懈付出。"孩子们记录黄雅钦教授的日常科学生活："每天早晨，校园还沉浸在宁静的晨曦中时，黄雅钦教授已经走进实验室，开始了一天的工作。无数个夜晚，我们都能在北京化工大学的实验室里看到黄教授柔弱的身影。"孩子们说，每到周末和寒暑假，他们都欢呼雀跃地去找黄教授开展自己的课题研究，而黄教授也非常喜欢孩子们亲热地称她为黄妈妈或黄奶奶。黄教授不仅自己在科研上不断取得新成就，而且极其认真地指导本科生、研究生和博士生。更可贵的是，她还积极地支持中学生走进大学实验室，开展科学研究。虽然这大大增加了她的工作量，但是她仍然愿意看到在她的陪伴下，一颗颗科研之星冉冉升起。孩子们用笔描述了这两位帮助过他们的专家的生涯经历。中学时期的研究经历使孩子们渴望成为谭杰主任或者黄雅钦教授那样的人。

予人玫瑰　手留余香

　　学校里参与这个课题的教师来自不同的学科，至少有十几位教师先后参与了学生指导工作，包括地理特级教师李宗录、化学特级教师邵正亮、综合实践特级教师陶术研，还有一批中青年骨干教师，例如化学骨干高瑞焱、地理骨干刘立地、杨秀岩，还有青年教师郝春、李丽琴、苗金明、杨花雨、孙红泽。多学科教师联合起来共同培养了学生的科学素养和爱家乡的情感。平时我们在做德育工作的时候，总是动员全校教师开展全员德育，但是往往收效甚微，德育工作大都压在了班主任和德育处身上。怎样才能动员大家真正投入到全员德育中来？类似于妙峰山玫瑰研究这样的实践任务就是学科德育最好的任务驱动器。对于教师而言，如果没有这样具体的载体和抓手，全员德育只能是空洞的口号和无力的动员。对于学生而言，如果没有实践体验，德育就如同无源之水、无本之木。有了综合实践任务，各学科教师联手共同培育学生的美好情感、美好价值观、美好道德追求就有了稳定的基石和可靠的抓手。学生在参与研究的过程中，逐渐崇拜有道德的人，崇拜有学问的人，崇拜做事能坚持到底的人，热爱家乡，热爱家乡的物产，愿意为家乡贡献力量。这种来源于实践体验的道德才能真正进入学生的心灵，真正融入学生的人生观、价值观和世界观。

4. 岩石的述说

关平教授是北京大学石油与天然气研究中心的首席科学家。我通过北京市翱翔计划结识了关平教授。他的身材虽不算特别魁梧，但绝不瘦弱，这使人联想到他常年在新疆的沙漠、戈壁寻找石油的工作性质。他待人接物特别诚恳、真挚，显示出常年和山水、自然打交道的印记。他阐述观点时非常注重逻辑，推理层层深入，常常使听众沉醉其中，这是他多年在著名学府求学、在工作实践中积淀的结果。

大峪中学的地理教研组长刘立地是一位非常有韧性的老师，她坚持与关平教授联系，利用关教授短暂的在京时间，一次次邀请他来门头沟区带领师生进山考察。

关平教授带领师生走进山谷，叩问自然。他指着我们司空见惯的山山水水，提出一个又一个问题，每个问题都能把师生带进琢磨状态，每个答案都令师生惊喜叫绝。在曹家沟，不同砂岩岩层的粒径大小

关平教授在门头沟区灰峪村引导师生推断地质成因

不同，岩层粒径小说明当时河流水量大还是水量小？当时这里是河流中心还是河流边缘？在陈家庄，永定河为什么既有上游的特征"山高水深"，又有下游的特征"河曲发育"？在下苇甸，这块岩石上的白色印迹是古海洋中软体动物的遗迹，为什么这些遗迹都垂直向上？这说明古海洋环境发生了什么变化？竹叶状石灰岩是怎样形成的？石灰岩旋涡状的形态是否记录了古海洋的强大气旋天气？在沿河城，红色的火山喷出岩和绿色的火山侵入岩之间是古火山口吗？在爨底下，古村落的形态与地质地貌有什么关系？……这些自然环境中的问题唤起了师生最原始的探索动力。

关平教授在陈家庄为师生讲解永定河的返老还童现象

即使在北风呼啸的寒假，地理教师刘立地和她的学生也抑制不住进一步探究的渴望，再次走进深山，测量古火山口的斑晶粒径，甚至还发现了"来历不明"的沉积层。

刘立地老师细心地记录了关平教授每次的讲解，并且带领学校的地理教师将其进一步开发成地质考察课程。梁有雁老师带领学生在学校里开发了一系列模拟地质地貌形成过程的小实验，把校内校外、室内室外联结起来。最终，他们把这些课程资料集结成册，在首都师范大学出版社出版了《倾听岩石的述说》。

在我们开展的"国家课程山谷化，山谷课程课堂化"活动中，刘立地老师写了专题文章并发表于地理教学研究的杂志上。杨秀岩老师把陈家庄河流的返老还童现象搬入课堂，获得全国高中地理教学优质课大赛特等奖。孟田田老师从爨底下地质考察中抽取关键问题并搬进课堂，获得北京市地理教学比赛一等奖。

杨秀岩老师在地理课堂上讲述陈家庄
河流返老还童现象

每次关教授来门头沟区带领我们进行野外考察，我们都会邀请兄弟学校的地理教师共同参加。来自北京四中、汇文中学、京源学校、古城中学的志同道合的新老朋友们汇聚山谷，互相取长补短。有的老师说："这是我大学毕业十年来第一次参加地质实习！"还有很多城区老师预约下一次的参与机会。这种城区教师和远郊区教师的互动，实现了城区与郊区"各美其美、美美与共"的美好状态。

5. 溪流的欢歌

这一次，我们来到燕家台村龙门涧的溪水边。我们仰头观察悬崖上一串纵向排列的溶洞，老师循循善诱地启发学生思考、探究与这些溶洞相关的一系列问题。这些溶洞是怎样形成的？——流水溶蚀。本来在地下的溶洞为什么到高处去了？——地壳抬升。溶洞的高低不同，哪个溶洞是先形成的？——低处的溶洞形成时间较晚。每两个溶洞之间的地层表明了地壳运动的状态如何？——很可能是地壳抬升时期，流水来不及长时间溶蚀地层。溶洞表明了地壳运动的状态如何？——很可能是地壳稳定时期，流水慢慢溶蚀地层，形成溶洞。

小溪曾是"狠角色"。看过溶洞，我们再看脚下的小溪。它看起来只是一条普通的小溪，但从龙门涧景区大门口停车场旁9米高的土层看，溪流曾以滴水穿石的毅力深深下切着地层。从土层中混杂的洪积物看，地质历史时期的小溪并不像今天这般温顺，洪水曾裹挟着大小混杂的卵石、砾石围困过燕家台村。听了这些，孩子们再也不敢小看这条山间小溪了。

溶洞是溪流歌唱地质历史的"管乐器"。地质平静时，溪流溶蚀地层生成溶洞；地质抬升期，溪流切割地层形成剖面。溪流用一系列溶洞演奏着地质变迁的交响乐，时而疾风骤雨，时而风和日丽。看到溶洞时，这恢宏的交响乐仿佛就在每个人的耳畔响起。

地质张裂的大手"扭动"了溪流。我们沿着清幽的山涧向上走，一个又一个大拐弯带给师生许多新奇和乐趣。孩子们沿着曲折的山路不断向前探索，因为总是看不够每个大拐弯背后的风景，有的孩子执着地说："再走走，再往前走走，看看前面还有什么。"别的孩子打趣地说："再走，咱们就把大山走通啦，走到河北去啦！"我问孩子们："为什么有这么多大拐弯呢？是谁扭动了溪流？"孩子们观察孑然耸立的大将军石、"一夫当关，万夫莫开"的一线天等地貌现象，测量每个拐角的角度和方向，绘制示意图。大家通过推理得出结论：这是地壳剧烈活动时主应力作用线不在一条直线上，剪切力造成的锯状破裂带。溪流沿着锯状破裂蜿蜒前行，因此，地质张裂的大手扭动了溪流。每当看到瀑布时，孩子们都会欢快地惊呼。据统计，龙门涧有170余处瀑布。我们引导孩子们分析瀑布的成因，他们很容易就能理解，断层产生瀑布，较硬的硅质条带白云岩与其他岩石的硬度不同，差异侵蚀形成落差。

小溪与我们"捉迷藏"。孩子们追寻着小溪的足迹欢快地前行，走着走着，小溪忽然不见了，再走一段，小溪又现身了。为什么小溪会时隐时现？地面高于含水层时，小溪就成了地下潜流；地面低于含水层时，小溪就露出地面。路过"寒泉"，孩子们好奇地捧起溪水品尝，果然清冽，可见小溪藏在地面下时，还和地下岩层做了物质能量的交换。小溪就这样时隐时现、时暖时寒地和孩子们做着山间游戏。

每一个野外实践场地都是情景交融之所。我曾一次次去考察门头沟区龙门涧，每一次都约上不同的伙伴，带领不同的学生，留下许多回忆。去的次数越多，心里的风景画就越是浓墨重彩。第一次带我去龙门涧的是我的恩师——北京市地理特级教师、地理教研员王能智老师。他站在燕家台黄土剖面前，教我用身高估算地层厚度；仰望溶洞，教我分析地壳变化过程；伏案疾书，为我们编写野外实践教材。之后，我用老师教我的知识，带领一批批地理教师和学生再入龙门涧，再品恩师情。如今老师已年迈，每次看到当年的照片，我都会回想起他在野外考察时敏捷的身影，都能回想起洞内溪流的欢歌。

地理特级教师王能智

王能智老师亲手绘制的龙门涧溶洞示意图

第四章 | 海的课程

山里土气，城里洋气，这是大家惯常的想法。果真如此吗？任何一个有活力的生命体都是不断与外界进行能量交换的，保持呼吸，才能保持生命力，与外界的能量交换越活跃，生命力就会越旺盛。学校也是如此：山里学校土气、落后的主要原因是与外界交流的机会少，一旦打开山门，使山谷风劲吹，学校就能畅快地"呼吸"了，落后的局面就被打破了；反之，如果两耳不闻窗外事，只是闭门造车、纸上谈兵地开展教育教学活动，即使是城市中心的学校，也可能走向衰退。

我们带领山里的孩子走进青岛海洋研究所去上"海的课程"，走进武汉水生生物研究所探究白鳍豚的饮食规律，走进拉美各国大使馆和大使交朋友。当全国政协原副主席马培华和阿根廷总统共同为大峪中学成为"中国—阿根廷友好学校"揭牌时，我深深地感到：从山谷走向全国、走向世界的历程让我们的"大山谷学校"变得更加时尚了。

1. 山的孩子去上海的课程

大峪中学是山的学校，但我们每年都要送学生去上海的课程。学生第一次学习海的课程是去青岛的中国科学院海洋研究所（简称"青岛海洋研究所"）。王虎纹老师帮我们找到的这个研究所真是棒极了！它面对大海，每个实验室都有大量有用的课题在进行中。科研工作者接待了我们的孩子，实验室里的专家、教授，还有他们的硕士生和博士生，一起帮助我们辅导每个小组的孩子。他们带给孩子们的不仅是课题研究，更是生涯榜样。

在青岛海洋研究所，高二的孩子们"研中学"，他们的研究课题有：利用水下摄影技术调查鲍鱼大小的方法的研究、海洋浮游生物纤毛虫的生态调查、DNA 指纹技术在生物鉴种中的应用、三种不同方法提取米氏凯伦藻 DNA、碳钢在海水中的腐蚀机理的研究、对虾体内 WSSV（白斑综合症病毒）的爆发情况的研究等。初二的孩子们"做中学"，他们的实验有：鱼的分类与解剖、海藻标本制作、制作大象牙膏、制作固体酒精、再现指纹、模拟火山喷发等。

中国科学院青岛生物能源与过程研究所依山而建，面积很大，研究所的专家也指导孩子们做了四个课题：不同浮萍品种的光化学效率的测定，不同植物的纤维素酶活性的测定，用光密度法测定微藻生物量，有机太阳能电池的制备及表征。

孩子们在青岛海洋研究所的研究生活充满欢乐。因为高考占用了学校教室做考场，孩子们没有教室上课，所以我们就把高三毕业年级的"高考周"确定为其他年级的"游学周"。初一年级、高一年级的年级组长和班主任老师带着孩子们跟随中科院的老师们坐着火车抵达青岛。青岛海洋研究所是我们国家最早的海洋研究所，占据了比较好的地理位置。研究所的大门正对着青岛第一海水浴场。6月初，孩子们卷起裤脚，光着脚到海里捡水草、捡石头、找螃蟹，捞起海藻回到实验室里开展研究。孩子们把各种各样的海藻做成标本，这些标本既是生物研究的样本，也是美术作业中造型设计的素材。班主任老师为孩子们拍摄了很多照片，照片里的孩子们都很开心。孩子们脚踩在海水里，做各种各样的造型，享受着年级组长、班主任老师、生物老师、化学老师注视的目光，老师们也欣赏着孩子们的青春洋溢，感受着他们的快乐。

老师们带孩子们先去青岛，我完成高考组织工作之后也赶往青岛。我一到研究所，就在实验楼外遇到了一个正坐在花池边哭的小姑娘，年级组长王朝红老师正陪着她。"你为什么哭呢？"我问道。"老师，他们在里面杀鱼，他们把我们钓上来的鱼都杀了。"原来，这是一个特别善良的小姑娘，她不能忍受大家在实验室里解剖鱼、分析鱼的结构。安慰她之后我走进实验室，另一个小姑娘兴奋地端着一个托盘过来给我看："老师，您快看！这种鱼的胃那么小，肠子却那么长；那种鱼的胃这么大，肠子却这么短！"她的实验托盘里整整齐齐地摆着各种鱼的胃和肠，她还把托盘投影到大屏幕上，指着屏幕向台下的老师和同学们汇报她比较研究的成果。我把我们的合影发到家长群里。留在北京的家长们在群里说："这个小姑娘胆

学生在青岛海洋研究所做鱼类比较实验

子可真大！"她的妈妈说："我这孩子长大就想当一名外科医生。"其他家长说："她将来一定能成为一名优秀的外科医生！"可见，不同的孩子有不同的天赋，也有不同的性格和爱好。

孩子们还有幸见到了 84 岁的郑守仪院士，郑院士为孩子们做了题为"大海里的小巨人"的报告。做完报告之后，孩子们围着这位大科学家不停地问这样那样的问题，她都耐心地回答了。郑守仪院士是归国华侨，她用毕生的精力研究海底有孔虫。她的实验室里摆满了各种有孔虫化石和有孔虫模型。虽然已经 84 岁了，她还坚持每天游泳，在显微镜下看她热爱的海底沙粒时，眼睛仍然不花。

在青岛期间，孩子们不仅在实验室里做了实验，还体会了海边生活：他们去看了中国海平面的基准点，即零海拔标志点；参加了海钓，在船上吃了一钓上来就立即烹制的海鲜；学习了识别航海图，翻看了船员们的航海日记。

海的课程令新疆内高班的孩子们更加快乐了。新疆内高班的很多孩子长到 15 岁还没有见过海，因此，新疆内高班的主任在他们一入学的时候就答应要陪他们去看海。王蕾主任为孩子们专门定制了带有大峪中学标志的帐篷、睡袋、炊具等。孩子们在海边营地自己搭建帐篷，晚上睡在帐篷里，在沙滩上使用野炊用具自己做饭吃。杨勇主任在海边现场教孩子们野外生存的方法。老师和孩子们带回来的一张张照片留下了孩子们青春洋溢的笑脸。

学生在青岛海洋研究所对面的海滨浴场

2. 教师专业发展的 "两翼"

学校的生物老师陈静参加北京市生物实验教学比赛，获得了一等奖，我们都非常高兴。我问她："你这一次设计生物实验教学，对你帮助最大的人是谁？你印象最深的一件事是什么？"她说："对我帮助最大的是门头沟区医院心内科主任，他指导我学习了心电图原理。我印象最深的一件事就是除夕夜整个实验楼都没有人了，只有我和一百只牛蛙在实验室里。"

这节课的内容是"探究兴奋在神经纤维上的产生和传导"，课堂上学生分组用电流刺激牛蛙的坐骨神经，观察兴奋传导到牛蛙的腓肠肌（小腿肚子上的肌肉），并用电流表指针偏转检测到神经纤维的传导。这一内容在教材中只有一张小图片，是拓展内容，但是陈静老师通过"迈出教材半步"的方法大大拓展了这段教材的探究价值。

首先，教师把教材中的陈述性内容拓展为学生自主实验探究的内容，使教材内容更具有探究价值。其次，教师把课堂教学延伸到心内科医生的实践工作中，在教材内容与生活实践之间建立起学以致用的桥梁。再次，教师引入了先进的生物信号采集及分析仪器，使教材内容更加接近学科前沿。最后，教师引入了科学家的研究经历，使教材知识成为培养学生科学价值观的载体。

陈静老师先引导学生了解牛蛙的坐骨神经结构，然后让学生分析、思考怎样检测标本的活性，之后学生分组实验，通过亲自操作、观察，验证对牛蛙坐骨神经施加电刺激之后，电流表确实发生了偏转。

看似通过实验完成了验证，但是他们并没有止步于此，在此基础上，陈老师引导学生提出新的疑问：电流是牛蛙的神经纤维传导而来的吗？是不是浸泡标本的缓冲液中的电解离子产生的电流呢？经过充分讨论之后，学生感到只是定性研究还不够，需要更加精确的定量研究。陈老师向学生介绍了一个更加先进的实验仪器——生物信号采集盒。学生把这些标本搭在生物信号采集盒的银针上，给标本以定时定量的电刺激，然后通过信号放大器、示波器的处理，利用电脑软件将电信号转化成波形图，用图像的形式呈现出来。学生通过对比就能够解释疑问了：缓冲液中的电解离子对实验结果的干扰很小，并不影响实验结论。

之后，教师用历史上的科学研究实例为学生做进一步解释。例如，霍奇金、赫胥黎以枪乌贼巨大神经元的轴突为实验材料，研究神经冲动产生的机理，并建立了离子学说。教师还以内尔、萨克曼的膜片钳技术为例引导学生分析了局部电流的形成过程和条件。

最后，陈老师又展示了用生物信号采集系统采集到的教师的心电图。

大家一致称赞陈静老师这节课上得好。为什么好？因为教师专业发展的两翼都伸展开了。我们认为教师的专业发展有两只翅膀，也就是两翼：一只翅膀是学科专业功底；另一只翅膀是教育教学能力。

在这节课里，陈静老师的学科专业能力有着突出的表现，她不仅按教材要求让学生形成了定性认识，而且带领学生进行了更深入的定量分析。在定量分析的过程中，她引入了先进的生物实验技术设备——生物信号采集盒。同时，她还引入了历史上著名生物学家探究同样问题时的实验假设、实验过程、实验技术和实验结论。她在上课前还带领学生走进门头沟区医院，专门向该院心内科主任请教心电图的原理和解读方法。以心血管研究著称的中国医学科学院阜外医院在门头沟区开设了研究中心，陈静老师闻讯后，带领学生走进研究中心，学习心血管疾病的研究方法。可见，陈静老师有过硬的学科功底。

　　另一只翅膀就是教育教学能力。陈静老师拥有丰富的教学经验，她很会引导学生提出问题，并且引导学生层层深入地去探究。她考虑到教材上的图可能会有歧义，就把教材上的图做成动画，用动画破解歧义。她还想办法引发学生对教材实验的质疑，然后用问题链引导学生逐步破解了一个又一个质疑。她准备了很多牛蛙坐骨神经和腓肠肌标本，让学生亲自动手做实验、测电流。学生在动手的过程中，更深刻地体会到生物学科作为一个实验学科的特点。做实验还锻炼了学生深入探究、动手实践的能力。

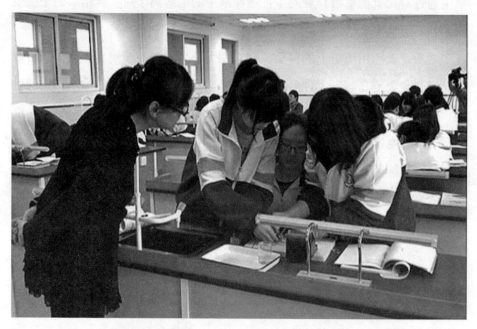

陈静老师指导学生通过实验探究牛蛙的神经传导

　　陈静老师这节课是展开双翼的课，两只翅膀一起飞，所以能飞得高、飞得远，课堂教学的效果也非常好。

　　生物学科的老师们体验到跟着医生学生物很"过瘾"，于是，于君雅、周帅等生物老师又组织学生走进首都医科大学基础医学学院的 4 个实验室，开展了一系列医学小课题研究，例如"局部麻醉对神经传导和肌肉收缩的影响"等。他们还走进中国医学科学院阜外医院国家心血管疾病临床医学研究中心的 8 个实验室，研究心血管发育和再生的机制以及相关疾病等小课题。

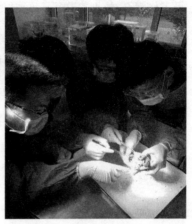

学生在首都医科大学研究牛蛙神经传导　　学生在首都医科大学形态学
实验室研究心脏

教师专业发展常常会出现"两翼"发展不均衡的问题。我们有时会看到一些教师一只翅膀伸展得非常好，另一只翅膀却有些萎缩。例如，有的博士生毕业后到学校任职，他们学科功底非常深厚，但由于未经过良好的师范教育或缺少教学经验，导致他们在课堂上讲得很深、讲得很专，但是激发不了学生的学习兴趣和学习热情，这就是青年教师的教学翅膀还没有伸展开来。另一方面，有些教师经过多年的教学实践，知道怎样调动学生的积极性，怎样做好学生组织管理，但是长年重复的教学工作使他们禁锢在练习册、教材、课程标准和考试大纲里，对科学前沿不再过问、不再关心。慢慢地，他们的教学离科学前沿越来越远，甚至离学科本质也越来越远。如此，学科专业功底的那只翅膀就逐渐萎缩了。如果学科专业功底的翅膀萎缩了，教师的教学就容易产生花样翻新却内容空洞的情况。怎样加强教师的学科专业能力，使这只翅膀伸展得更开呢？一名好教师应该至少是半个专业工作者，一名好教师应该能够不断地、主动地去触摸学科研究的前沿，了解自己的学科已经发展到什么程度了，前沿的科学家们正在想什么、做什么。教师长期沉浸在课堂里、教材里，怎样才能了解到科学前沿呢？——打开日常教学系统，接受更多的刺激，在原有系统外寻找新活力和新刺激。例如，主动和科研工作者建立业务联系，经常阅读学科前沿杂志和相关论文。再如，和学生一起走进科研实验室，和学生共同学习和研究课题。此时，师不必贤于弟子，教师可以放下架子，主动和学生一起从未知出发，共同触摸学科前沿。总之，教师的专业发展应该两翼齐飞，只有这样，教师才能飞得高、飞得稳，才能带领学生更加深入地理解学科本质。

3. 走进科研生活

　　门头沟区的孩子和城区的孩子相比，有一个较为明显的劣势——与科学研究的距离太远。城区很多孩子的父母是科学研究工作者，因此，孩子们在家里就已经熟悉了科学研究的话语系统。但是，远郊区孩子的父母中科研人员的比例较小，孩子们不熟悉科学研究的话语系统，因而在高考中会遇到困难。当今的高考试卷中很多都是一道题占满一页，题目中介绍了一个前沿的科学研究课题，让考生在阅读题目的过程中理解科研思维，解决科研过程中遇到的问题。有的孩子走出考场后对老师说："我一看大篇的文字就蒙了，我都不知道它在说什么。走出了考场，我仔细读懂题目之后才发现题目其实很简单，但是当时我就蒙了。"这是为什么呢？——是孩子对科研思维和科研过程不熟悉。2020 年参加高考的大峪中学高三学生的家长中仅有 24% 受过高等教育，仅有 5% 接受过研究生及以上学历的学术训练。按照布迪厄的社会学理论，家庭文化资本的不足导致学生对学术话语系统不熟悉，因此学生难以进入研究型大学，难以适应研究型大学的学习生活。

　　为了解决这个问题，老师们决心带着孩子们走近科研工作者，走进科研生活，学习科学研究的思维方法，在体验科学研究的过程中点燃学生的求知之"捻儿"。

科学人文游学

在中科院的支持下，我们带孩子们走进了全国各地的中科院研究所。孩子们到安徽的科学岛听毕业于哈佛大学基础医学专业的教授讲靶向治疗；到武汉的水生生物研究所跟随教授研究水生植物和水生动物的特征，和研究所里的饲养员一起喂养中华白鳍豚，了解白鳍豚的饮食规律；在武汉病毒研究所了解生物安全防护方法；去上海有机化学研究所研究醉酒基因检测，还为二十年后同学聚会时大家的酒量做出了测定和排序。汶川地震后，老师和学生到成都山地研究所去体会大自然的爆发和修复。学生去南京湖泊研究所研究玄武湖的水生植物，回来之后对我说："我们在玄武湖遇到了其他学校游学的同学，他们结伴坐在湖边的大树下看风景，而我们却很忙，因为我们要用研究所提供给我们的各种设备测定玄武湖的水质，捕捞玄武湖的植物和微生

游学途中

长白山科技游学中学生采用
"样方法"进行植物调研

学生在上海有机化学研究所研究醉酒基因检测

物样本，还要赶回实验室去做分析、写论文、做汇报。"我问："那你们喜欢忙碌的玄武湖游学，还是喜欢悠闲的玄武湖游学?"孩子们异口同声地说："我们当然喜欢忙碌的玄武湖游学，因为这才有意思。如果只是坐在湖边看风景，我们什么时候都可以去，我们跟谁去都可以。"

　　年级组长韩玮老师和班主任老师一起带学生去北京大学崇左生物多样性研究基地。研究基地里有一位著名的大科学家——潘文石教授。我年轻时就曾经在北京市青少年科技俱乐部听过潘文石教授的讲座，他是中国大熊猫之父。当年他在秦岭研究大熊猫的时候，由于常年在野外生活，反复感冒，得了鼻炎，吃饭闻不到香味了，但是他说："尽管我吃饭闻不到香味了，但是我的鼻子还剩下一项功能，就是当我路过一棵树的时候，我会立刻闻出来刚才是一只公熊猫走过，还是一只母熊猫走过。"这样一位传奇的科学家，在建设好大熊猫繁育基地之后，又在广西的崇山峻岭间建设了生物多样性研究基地。他年龄大了，把自己在北京生活的女儿也叫到广西，和他一起开展野

陕西人文游学

生动物研究。他在那里只能住一个老旧的砖房子，但是老教授自己用毛笔在砖房外面写了"君子之居，何陋之有"八个大字。

孩子们到了基地之后，潘文石教授带领他们在野外追寻白头叶猴的踪迹。老教授拿着镰刀为孩子们砍开荆棘，大家一起走山路。回来之后，韩玮老师写了很长一篇文章，她说："经过这次广西崇左之行，结识潘文石教授，我的灵魂得到了净化。"

其实，只要我们用心开发，我们的身边有很多优质资源，例如北京市青少年科技俱乐部的王绶琯院士和周琳老师用几十年的心血开发的科普资源。也有很多学校的老师有效利用了各种优质资源：大峪中学的李丹丽老师带领学生跟随化工大学的黄雅钦教授去山东聊城的东阿阿胶股份有限公司做小课题研究；古城中学的夏维菊老师带领学生跟随科技俱乐部登上帕米尔高原做天文观测；肖寅妹老师带领学生在海南岛观察水土流失现象；京源学校的林琳等老师跟随中国地理学会研究人员在雅鲁藏布江谷地风餐露宿……每一次科研实践都是师生崇德尚学的精神洗礼。

学生在山东聊城的东阿阿胶股份有限公司做小课题研究

中学文献课

科学游学确实能给学生带来丰富愉快的体验，但是我们常常因为经费、时间、场地、安全等因素的制约而不能为学生提供更广泛的参与机会。能否找到一个更便捷的方式引导学生走近学术话语系统？周帅老师在新冠肺炎疫情期间，率先带领居家学习的学生开始了中学生阅读学术文献的教学尝试，经过一个学期的教学实验，取得了很好的效果。学生轮流主讲周老师向大家推荐的中英文文献：怎样快速检测新冠病毒？为什么治疗艾滋病的药物可能对治疗新冠肺炎有效？学术文献的阅读极大地激发了学生的学习热情、探究热情和展示热情。

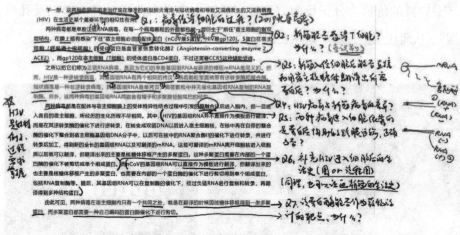

周帅老师带领学生阅读学术文献时的讨论记录

学校学术委员会主任、英语特级教师王桂英组织 21 位青年教师尝试了中学文献课的教学。物理老师杨越指导学生自主阅读电磁波的科学史，学生分组讨论后，把人类探索电磁波的 50 年历史浓缩在 45 分钟里展示出来。数学老师宋扬引导学生跨学科思考，探究椭圆的光学性质。语文老师孙慧君的学生应用费孝通先生在《乡土中国》中提出的"差序格局"思想，分析了大量名著中的人物关系和当今社会现象，指出"差序格局"不仅存在于《平凡的世界》《红楼梦》等经典名著里，也存在于大家的微信朋友圈里。白茹老师不仅带领初中学生读《水浒传》，还引导学生阅读金圣叹等名家对水浒人物鲁智深的深刻评价，通过研究，鲁智深的形象在学生心中逐渐变得立体、多面——他是侠客，是君子，亦是佛。庄妍老师认为学生不仅要读《红楼梦》，更要阅读与之相关的学术期刊，如《红楼学刊》。英语老师何洋没有局限于课本里的曼德拉，而是引导学生阅读不同人物对曼德拉的不同看法，学生们通过比较看管曼德拉的狱卒，曼德拉的妻子、女儿、战友等人对他截然不同的评价，更加深刻地理解了曼德拉的人格特征。地理老师孟田田的学生分别从"水成说"和"风成说"两个方面论证了门头沟区马兰黄土的成因，理解了人类科学探索之路的蜿蜒曲折。历史老师杨秀敏引导学生甄别一手史料及二手史料的价值，分正反两方论证"新民主主义文化运动是否全面反孔反儒"，从而让学生理解"论从史出"的深刻含义。

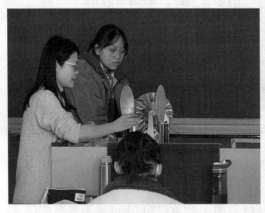

杨越老师的中学文献课《电磁波》

中学文献课后对学生访谈的词频分析

中学文献课的教学实验告一段落后，我对师生进行了访谈。他们都认为，在如今高考改革的背景下，对于日常生活远离学术话语系统的郊区学生而言，文献学习为师生迈进学术话语系统打开了大门。如今，阅读学术文献早已不是课外事和题外话了，高考已成为师生迈进学术话语系统的助推力。

其实，文献课的门槛并不低，迈进去并不容易，但是师生都从中体验到求知的乐趣。老师们都说学生的能力不可低估，学生对文献的学习能力远远超过了他们的预期。学生在文献课上发展了逻辑思维，很多学生的情感、态度、价值观也由此得到升华，他们赞叹文献作者敏锐的洞察力和捕捉力，钦佩科学工作者严谨的研究作风和持之以恒的耐力。

山谷家庭创造营

家庭文化资本对学生学业成就有着重要影响，这是教师无法回避的问题。我们决定迎难而上。王蕾老师参考学生喜欢的综艺节目，给这个项目起了一个名字——"山谷家庭创造营"，目的是动员每个家庭在假期里都尝试开展一个小研究。

综合实践特级教师陶术研教大家开展科学研究的基本步骤，周帅老师教大家怎样把家庭实验尽可能做得科学严谨，心理老师崔倩倩鼓励大家把共同研究的课题当作亲子交流的有效载体，我向全校家长介绍我们这个项目的初衷和目标。学校宣传中心的张馨、陈琪、黎超老师在放假前紧锣密鼓地录制视频，推送公众号。齐凯老师积极地鼓励学生和家长们接受挑战，开展研究。

"道生一，一生二，二生三，三生万物"，我们先从培育榜样做起。我们找来五个曾陪伴孩子开展研究的家庭录制样板视频。黄海威一家研究了门头沟区开通 S1 线磁悬浮列车对周围房价的影响，杨子宣一家通过阅读文献和模拟实验发现了物理教材里的一个科学漏洞，艾午予一家设计了一种午睡课桌椅，胡铁林一家设计了能够随身携带、用以衡量食物营养搭配是否均衡的电子秤，赵禹莹一家研究了小吃姜撞奶制作中的定量分析。放假前，我们推送了五个范例；开学后，我们收到了一百多个视频。随着"山谷家庭创造营"项目的不断开展，我们相信每个家庭的文化资本都会像滚雪球一样越滚越大。

大峪中学学生艾午予一家

大峪中学学生胡铁林一家

大峪中学学生赵禹莹一家

大峪中学学生黄海威一家

大峪中学学生杨子宣一家

率先为"山谷家庭创造营"录制示范视频的五个家庭

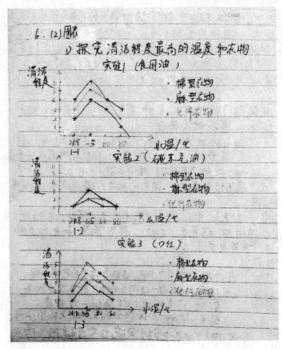

李慧婷同学在家中研究含酶洗衣粉时绘制的折线图

4. 山谷里见不到外国人

北京作为国际化大都市，生活在城区的孩子们出门购物、就餐经常能够见到外国人，很多孩子都有出国旅游或生活的经历，"哑巴英语"早已成为过去时。但是门头沟区外籍人员很少，孩子们也很少有跟随父母在国外生活的经历。怎样加强孩子们与外国人交流的能力？门头沟区教委和区政府设置了专项资金，为全区学生每周开设一节外教课，还设置了国际交流专项经费。

怎样帮助孩子们从山谷走向世界？怎样能够找到一条更便捷的通往世界的通道？我去访问中国国际广播电台的副台长，向他请教："如果学校再开设一门外语课，我们应该选择什么语言呢？"

副台长耐心地向我们介绍了西班牙语人才需求的情况，他说："确实应该再开设一门外语，因为目前我们国家的英语人才供远远大于求，法语人才供等于求，西班牙语人才供远远不能满足求，所以开设西班牙语课吧。我们国家太缺西班牙语人才了，'文化大革命'十年我们基本上没有培养西班牙语人才，所以我国西班牙语人才存在一个非常大的断档。即使是中国国际广播电台也很难招聘到优秀的西班牙语人才。前段时间我们招聘了一位天津外国语大学的本科毕业生，但是那个学生最终没有来，而是去了外交部。我们西班牙语部的一些同志怀孕了还得坚持工作，而且工作量很大，因为人手实在是不够啊。为什么工作量很大呢？因为有 21 个主权国家和地区使用西班牙语。如果我们国际广播电台希望在每一个使用西班牙语的国家和地区设置一个分站的话，即使每个分站只去一个人，我们也至少需要派出 21 个人，但是一个人是完成不了任务的，因为需要采访当地老百姓，撰写新闻，播放新闻让世界各地人民都能听到中国的声音。要想实现这个愿望，世界各地每个分站都需要记者、摄影师、编辑。我们还需要大量的西班牙语人才把我们国家一些优秀的影视作品翻译成西班牙语，到这 21 个使用西班牙语的主权国家和地区传播中国文化。因此，放心地培养西班牙语人才吧。国际广播电台、中央电视台的西语部、大型国企在拉美国家的分公司都需要大批西班牙语人才。"

听了副台长的介绍之后我倍感兴奋，就开始在学校里开设西班牙语课。这时，我有幸认识了北京第二外国语学院西班牙语外教——Liz 老师。她来自巴拿马，是一位教学能力、交往能力都非常优秀的外教老师。她在中国已经生活了很多年，非常热爱中国文化，也非常乐于向中国人宣传拉美文化。每个月我们都为学生开设大使馆课程。我平时开玩笑地说："Liz 是整个拉丁美洲的大使。"她通过自己出色的交往能力与每一个西班牙语国家的大使都建立了友好关系，为我们的学生走上"印加之路"铺设了畅通的桥梁。孩子们跟随 Liz 老师走进各国大使馆，每个大使馆都热情地接待了我们。当我们走

委内瑞拉大使向"小大使"介绍
委内瑞拉历史

进玻利维亚大使馆时，玻利维亚大使带着使馆的武官们站在门口列队迎接我们。当我们走进委内瑞拉大使馆的时候，委内瑞拉大使邀请委内瑞拉国内著名的音乐家为孩子们举办了音乐会，还给孩子们准备了很多好吃的小甜点。

每个学期末，西班牙语学得好的孩子可以到大使馆里去做半日"小大使"。有一

年不凑巧，孩子去秘鲁大使馆做半日"小大使"那天，秘鲁大使正好接受新任命需要立即动身回国做外交部部长。当时大使馆里一片忙碌景象，很多文件需要处理，很多行李需要整理，但是为了接待我们的"小大使"，秘鲁大使放下了手里的一切工作，耐心地陪伴着小大使，教她怎样在文件上签字，怎样向别人介绍自己的国家，怎样组织外交活动……于是，这位秘鲁驻中国大使的最后一项工作就是陪伴着大峪中学的学生完成了半日"小大使"的工作。

秘鲁大使教"小大使"签署外交文件

智利大使到学校举办讲座，我们邀请门头沟区永定河畔所有中学的学生都来参加。孩子们穿着不同的校服，聆听智利大使讲他自己的生平和成为大使的经历。活动结束之后，大使还邀请孩子们去他的葡萄酒庄园。我们的西班牙语教师钱润生，英语教师王桂英、叶雅琴，项目管理中心主任吕娜，升学指导中心主任郝全智等干部、教师带领我们学校的学生和区里其他学校的学生一起参观了智利大使的葡萄酒庄园，并和智利大使建立了友好的关系。

当智利的女总统到中国来访问时，大使馆邀请我校学生参加了总统接待活动。总统亲自为智利著名诗人聂鲁达的塑像揭幕那天，孩子们用西班牙语和智利总统共同朗诵了聂鲁达的著名诗歌。

学生和智利总统共同用西班牙语朗诵聂鲁达的诗歌

　　阿根廷大使是一位和蔼可亲的胖爷爷，他非常热情地支持大峪中学开展西班牙语教育。他对我说："今天这些孩子走进大使馆和大使交朋友，明天他们有可能成为中国驻阿根廷的大使，因此，我们要认真地辅导他们，培育他们对拉美国家的感情和友谊！"所以，我们的孩子走进阿根廷大使馆的时候，总会受到热情款待。阿根廷大使会请来足球教练，在使馆的草坪上教学生踢足球；美丽的大使夫人会在大使馆的后花园里教学生种植花草；大使馆的厨师会为学生制作鲜美的烤肉、好吃的汉堡和甜美的点心。阿根廷大使每次来大峪中学的时候，都会为孩子带来一些新近翻译出版的阿根廷文学作品。孩子们每次去阿根廷大使馆时，都会带回来大使送给他们的各种各样的礼物。孩子们在阿根廷大使馆参加了晚宴活动、音乐节活动、探戈表演活动和电影展映活动。阿根廷大使了解到中国的孩子特别喜欢足球明星梅西，就把他和夫人与梅西的合影赠送给学校。当他见到梅西时，他还向梅西要了有梅西亲笔签名的 11 号球服，并千里迢迢地把球服带到中国，赠送给大峪中学。这件梅西的球服成了大峪中学阿根廷大使馆课程的重要纪念物。

阿根廷大使和夫人参加大峪中学"冬奥有我"主题活动

老师和孩子们也越来越喜欢这位胖胖的阿根廷大使爷爷。到了中秋节，教师会把亲手做的月饼送到阿根廷大使馆，请大使和他的夫人品尝。阿根廷大使致力于通过今天的教育培养热爱彼此国家的未来大使，所以他介绍阿根廷布宜诺斯艾利斯市圣安德列斯学校的师生走进大峪中学。这些阿根廷孩子们走进大峪中学之后，跟着中国学生学习书法、学习茶艺、品尝月饼。在临别的时候，两校学生一起吟诵着"但愿人长久，千里共婵娟"的诗篇。圣安德列斯学校的师生返回阿根廷后，阿根廷大使又为大峪中学师生签署了访问阿根廷的十年签证。在大峪中学师生回访阿根廷友好学校的时候，不仅访问了阿根廷大使推荐的圣安德列斯学校，也访问了中国驻阿根廷大使馆推荐的贝尔格拉诺学校。这些学校的师生都热情地接待了我们。孩子们在友好学校里学习探戈、学习手鼓，和当地的学生共同绘画。也许未来在这些互访的学生中真的会诞生中国驻阿根廷或阿根廷驻中国的外交人员。

在阿根廷总统和夫人到中国访问的时候，阿根廷大使提前来大峪中学做动员。他告诉大峪中学金帆合唱团的孩子们："现在我们要一起学习国歌了，我学唱中国国歌，你们学唱阿根廷国歌。阿根廷总统来的时候，咱们一起唱两国国歌迎接阿根廷总统和夫人，好不好？"孩子们欣然同意，大家开始练习。在阿根廷总统抵达中国的记者招待会上，大峪中学的山谷合唱团唱起了中国和阿根廷两国的国歌。阿根廷总统和全国政协副主席马培华共同揭开了中国－阿根廷友好学校的标牌。从此，大峪中学成为两国国家领导人亲自揭牌认可的"中国－阿根廷友好学校"，它是大峪中学从山谷走向世界的重要里程碑。门头沟区主管教育的副区长庆兆珅、教委主任陈江锋、外事办主任宋爱民都见证了这个重要时刻。

我和 Liz 老师在长达十年的交往中，心里都有一点点遗憾：我们开设了那么多国家的大使馆课程，但是巴拿马和中国在当时却没有正式建交。2017年，中国和巴拿马终于正式建交了！这令我们非常兴奋，于是，Liz 迅速帮助大峪中学、大峪一小和巴拿马的中小学建立了友好学校关系。大峪一小与巴拿马友好学校迅速进行了互访，大峪一小的高瑞红校长和老师为更小的孩子们开设了西班牙语课和大使馆课程。在区外事办公室和区教委领导的高度重视下，西班牙语教育让门头沟区绽放出更多友谊之花。

门头沟区副区长庆兆珅和教委主任陈江锋与巴拿马友好学校师生交流

5. 在山谷遇见未来

好的学校总是能够让在校生在这里遇见未来，让毕业生在这里回望青春。青年总是憧憬未来。未来的自己会是什么样子？这是一个双向探索的过程：一个是向内，走进内心，了解自己；另一个是向外，走出山谷，在生涯体验中寻找未来的自己。

过去，对于山谷里的孩子们来说，皮鞋和草鞋的差异是他们重要的学习动力：学习好就能考上大学，考上大学就能转城市户口，就有皮鞋穿，就能改善生活条件。但是，随着社会经济的发展，门头沟区人民的生活条件已经大大改善，解决生存问题、生活问题已不能成为孩子们的学习动力了。我们怎样才能再次唤起孩子们的学习动力呢？我们要唤起孩子们的内在驱动力，用理想的灯光照亮他们，帮助他们发现并点燃自己内心的理想，并自愿为实现自己的理想而奋斗。因此，生涯教育就成了点亮隧道尽头的灯光的教育，也是唤起所有孩子内在驱动力的教育。

从现在走向未来的山谷学子

每年到了举办模拟招聘会的时节，高二年级的孩子们都会穿戴一新。男孩子们穿上西装、白衬衣，打上领带，女孩子们穿上高跟鞋，都把自己打扮得干净利落，来参加模拟招聘会。生涯教育实际上是一个模拟体验，我们希

望在生涯教育中，孩子能够遇见未来的自己。这其实也是一个带着高中孩子
"过家家"的工作。所谓模拟，最重要的操作要素是"当真"，当真了的模拟
才能让人动真情，才能产生真正的效果。如果不当真，模拟就会成为一场闹
剧。怎样才能让孩子们把模拟招聘会当真呢？心理老师、生涯教育指导中心
的老师、年级组长、班主任都要提前很长时间进行铺垫和动员。老师会提前
告诉孩子们："明天我们要请来 40 多家公司和企业的人力资源部门工作人员
来对你们进行模拟招聘。因此，明天大家无论是在发型、服装方面，还是在
表情、动作方面，都要有应聘的样子。"每个孩子还要制作自己的应聘简历，
在应聘简历上介绍自己的情况，一年一年积累下来，孩子们的应聘简历也越
来越有创意，越来越漂亮，越来越能生动地表达自己。班主任老师带领孩子
们排队依次进入会场，各个单位的人力资源部门工作人员早已坐在自己单位
的展台前等待着孩子们。每个单位的展台前都有招聘广告，用以说明企业的
情况和对招聘人员的要求。

　　孩子们进了会场之后，首先要去做体能测试，做几个俯卧撑，通过他们
做俯卧撑的数量，工作人员会对他们的身体状况做等级鉴定，例如优秀或及
格。然后，他们要到知识能力测试台回答一些知识性问题，答完这些英语或
数学问题之后，工作人员会给他们一个"学历证明"，例如博士学位或本科
学位。孩子们拿到鉴定结果之后，就可以到他们喜欢的单位展台前排队，等
待接受面试。在面试的时候，有的孩子非常紧张，有的孩子非常自信，有的
孩子初试成功，有的孩子连续被几家企业拒绝，这时，每一个人都在总结自
己的经验，反思并调整自己的状态。当孩子们拿到招聘单位的录用通知之
后，他们纷纷跑去和自己的班主任老师合影、和自己的同伴合影，以此来庆
祝自己的成功。招聘会结束之后，孩子们仍然沉浸其中，他们小心收藏好自
己的录用通知，回到家后向家长讲述自己的应聘经历，还把当天的活动制作
成小视频发在自己的 QQ 空间里。老师也通过这个过程更好地观察、发现每
一个孩子的天赋和不足：他的特点是什么？他喜欢什么？他想成为一个什么

样的人？他在追求自己理想的道路上还欠缺哪些素质？

　　很多记者朋友都对我们的模拟招聘会感兴趣，并进行了深入的采访报道。有一位记者采访之后，在报道中说：大峪中学举办模拟招聘会是为了让孩子们感受竞争激烈的职场，感受生存压力。我觉得这则报道没有完全理解我们的活动初衷。我和老师们说："我心里想的模拟招聘会并不是要给孩子们压力，而是要给孩子们动力，并不是为了让他们体会社会竞争的外在压力和职场招聘的外在压力，而是为了点燃孩子们心中那盏明灯，唤起他们的内在动力，让他们认清自己到底是谁，到底想要什么，想要成为什么样的人，怎样做才能实现理想。"

　　每年模拟招聘会之前，生涯指导中心主任杨勇和心理教师崔倩倩都会在招聘会场悬挂很多条幅，例如"点亮隧道尽头的灯光""燃起心中的理想之光""遇见未来的自己"等，用这些条幅来告诉所有参与者模拟招聘会的意图。

模拟招聘会上应聘成功的学生与班主任老师合影

　　模拟招聘会只是大峪中学生涯教育的重要一环，实际上，大峪中学的生涯教育是贯穿学校所有年级、所有学科、所有部门的一项重要工作。我们认为，生涯教育是高中教育的起点和归宿。

第一步：生涯选择

学生一入学，我们就开始进行生涯教育。生涯教育的第一步是"生涯选择"，老师带领刚刚进入高中的孩子开展互动式体验活动。通过体验，孩子们了解自己的兴趣、爱好、个性。例如，心理教师会带着孩子们做"救生船"活动：世界末日来临，只有一艘救生船，请你从 15 个人中间选择 6 个人登上救生船。通过比较自己和他人不同的选择，孩子们发现人与人之间有很大的不同。例如，有一个女生她最看重 15 人中的著名小说家，她选择的其他人都是为这位小说家服务的。她说："首先我要请著名的小说家上船，因为需要他来记录人类经历的这场重大灾难；其次我要请警察上船，因为小说家写作的时候需要警察帮忙维持秩序；再次我要请著名棒球运动员上船，因为他身体好，能够为小说家寻找食物……"她选择的所有人都是为了保证小说家能够顺利地记录人类的这场灾难。相反，有个男生有截然不同的意见，他激烈地反驳："小说家有什么用？在这个时候应该先让会种地的农民上船。因为只有农民种出了粮食，大家才能生存下去。"还有孩子激动地说："我们应该让流浪汉先上船，因为流浪汉生存能力最强，他能在各种环境下生存。"有孩子说："我们应该让年长的僧侣上船，因为面对灾难，人的心理安定特别重要。"有的孩子选择让退休老人先上船，有的孩子选择让医生先上船，有的孩子选择让小学教师先上船……激烈辩论之后，孩子们得到了一个共识——每个人的价值观是不同的，每一种选择都有它自己的道理。同时，孩子们通过这个小活动认识到自己更看重什么，也接受了别人和自己观点不一样，接受了每个人具有不同的天赋，具有不同的价值观，因此，会有不同的选择。

类似这样的活动还有很多，如"选择你喜欢生活的岛屿"：选择友善亲切岛屿的孩子会知道他更适合做教师，做社会工作者，做护士；选择自然原始岛屿的孩子会意识到自己更适合做工程师，更适合做动手实践的工作。

学生在互动式生存选择课上

还有关于"十年之后的我"的冥想活动。孩子们通过冥想十年之后自己早晨起来时天花板的颜色、地板的温度、早餐吃了什么、和谁在一起吃等一系列问题，了解自己的愿望和自己对未来的期待。这是高一年级的生涯选择课程内容。

心理教师慈建芳组织学生开展冥想活动时，我也很投入地参加了。我年龄大了，孩子们想十年，我想五年。多年后，慈老师问我："您的冥想变成现实了吗？""是的，变成了现实！"教育这个行业就是这么有魅力，我们总是能跟着孩子一遍一遍地感受青春活力。

大峪中学承担创办新疆内高班的任务。创办之初，我们没有经验，对学生的状态不甚了解。新疆内高班的主任王蕾是一位感知力非常好的语文教师。孩子们寒假不回家，为了陪伴他们，王蕾和其他几位老师也不回家。王蕾老师给学生布置了一份寒假作业——编写并表演话剧《我》。学校聘请了专业话剧演员，利用假期为新疆内高班学生开设话剧集训课，向学生介绍提升艺术表现力的方法，帮助学生更好地表现出"我"的内心世界。第一年汇报展演时，王蕾老师认真地观看了每一个学生的表演，通过他们自编自演的话剧更好地走进了学生的心灵。

由此，每年寒假的戏剧课成为新疆内高班的惯例。学生的"我"一年比一年精彩。2018年春节戏剧展演，某一组孩子的话剧名称是《辛德勒·美丽人生》，他们把《辛德勒的名单》和《美丽人生》两部经典电影整合成一部精彩的短剧。话剧表演结束后，孩子们播放了一段提前录制的视频，每个人穿着自己所扮演的角色的服装，面对镜头阐释"我"，表现的既是话剧角色的"我"，也是现实生活中的"我"，此时，孩子们的内心世界已从"小家小我"走向"大家大我"。另一组孩子表演的内容是每个人给过去的"我"、现在的"我"、未来的"我"打电话，有的孩子安慰过去伤心的"我"，有的孩子鼓励未来奋斗的"我"，此时孩子们已从"眼前我"望向"未来我"。教师为学生开启了戏剧课程之门，学生突破了教师最初预设的课程目标和课程内容。这也是山谷相生、教学相长。

学生通过戏剧表演感知自我

第二步：生涯榜样访谈

之后的假期里，孩子们要去做生涯榜样访谈——根据自己喜欢的职业寻找一个自己心目中的生涯榜样，然后约见他，对他进行访谈，了解自己喜欢的行业里，优秀的人的日常生活是什么样的，了解他们生活中的喜、怒、哀、乐，以此帮助孩子们进一步了解更真实的职业生涯。

有一年放暑假之后，我遇到一个穿着西装的男孩子。我问他为何如此郑重地着装，他回答说他约了一位律师，准备去做生涯榜样访谈。在这个假期里，很多孩子都预约并访问了自己的生涯榜样。开学后，王秀利等班主任老师把孩子们的访谈海报张贴出来，让孩子们共同分享这些经历，互相激励。

学生在永安里"心苑"心理咨询室做生涯榜样访谈

第三步：模拟招聘

学生在高二时会参与本节开篇时讲到的"模拟招聘"。

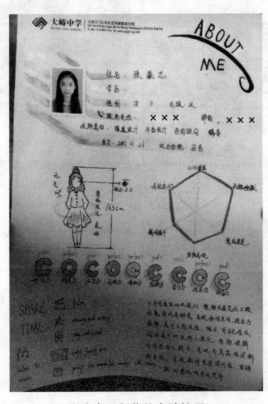

学生自己制作的应聘简历

第四步：生涯体验

　　模拟招聘会之后，学生拿到了一些企业的"通行证"，然后开始进入"生涯体验"环节。他们走进企业，走进研究所，走进不同的单位，开始在自己喜欢的岗位上进行半天、一天甚至更长时间的生涯体验。在生涯体验中，孩子们会进一步了解自己是不是真的喜欢这个单位、这个行业。例如，当孩子们走进邮局去体验生活的时候，有些孩子觉得邮局里的工作很枯燥，有些孩子则喜欢邮局里那种安静和从容的工作状态。

　　学校还会提供一些更深入的生涯体验机会。例如，喜欢服装的孩子会去学习设计、制作服装，喜欢中医药的孩子会去研究一种中草药。这种生涯体

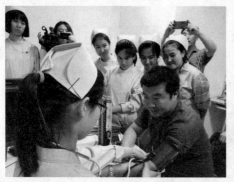
在斋堂医院的生涯体验

在生物科技公司的生涯体验

在众筹咖啡厅的生涯体验

在某世界 500 强企业的生涯体验

验会持续更长时间，研究得更深入。

第五步：走进大学

　　临近高三的时候，学生有了一些更加具体的生涯规划任务。高二年级第二学期，年级组长、数学特级教师王锋和班主任老师们带领学生了解自己想上的大学和自己想学的专业，升学指导中心的郝全智等老师主动帮助他们联系大学。学生分别进入自己喜欢的大学和院系，到那里去进行访谈，听大学老师的介绍，走进大学实验室，走进大学课堂，甚至走进大学食堂，去体会他们是不是真的喜欢某所大学，是不是真的喜欢某个专业，他们对某个专业的认识和这个专业的实际情况是不是相同。这时很多孩子会发现，从字面上理解的专业和到大学里真正看到的专业有时并不一样。这样，就能在一定程度上避免学生在高考时盲目填报专业。

学生在北京交通大学实验室

第六步：填报志愿

　　到了高三，学校会请一些大学教师来到学校，和班主任、家长、学生一起讨论填报志愿的问题。学生经过高中三年逐层深入的生涯教育，他们心里的志愿表已经日渐明晰。因此，到了真正填报志愿的时候，他们填报的志愿不再是盲目选择的，而是发自内心的。

　　我们能够通过一系列生涯教育课程帮助孩子了解自己、了解行业、了解大学、了解专业，让他们真正走进适合自己的专业里，走到适合自己的行业中去。我们期待着这些孩子们最终一步一步地实现他们的理想，成为他们热爱的行业中有成就的人，成为对社会、对人民有贡献的人。

从过去走向未来的山谷教师

　　生涯教育在我的心中是非常重要的，这也来源于我自己的经历。孔子说"吾十有五而志于学"，也就是说，人在 15 岁的时候，开始为了自己心中的理想和志向而求学，这个时候他已经不是简单地为了爸爸妈妈、为了老师学校而努力学习，而是为了他自己心中的志向和理想而学习。有很多人对我说，人在 15 岁的时候，总是雄心勃勃地想干一件大事的，我深深赞同。我记得自己在读高一的时候，有一次全班同学举办篝火晚会，晚会结束之后，大家兴冲冲地回到教室里谈人生、谈理想。那个时候学校已经断电了，虽然教室里是黑的，但是每一个青年学子的眼睛却是亮的。我们那个时候还不知道世事无常，还不知道人生会有那么多的困难，但就是因为如此，当时的我们才可以大胆地设想未来。当年的我渴望将来成为一名教师，甚至渴望自己成为一名师范学校的教师，通过一传十、十传百的方式，把自己的知识、理念和理想传播给更多的人。长大之后，我如愿以偿成了一名教师。因为我从小就想当教师，所以长大之后做教师的一切辛苦我都能承受，做教师的一切快乐我都很享受。当年我们一起坐在那个黑暗的教室里谈理想、谈人生的时候，有个同学说她渴望长大后成为一名医生，平时每到课间休息时，她都会从座位里抽出《本草纲目》《物种起源》安静地阅读，考大学时她如愿以偿考上了医学院，如今已经成为有成就的医生。当年还有个同学希望长大了从事工科类的工作，长大之后他亲自参与了我国著名的南昆铁路的设计，也参与了我国高铁行业的创建。中央电视台著名儿童节目主持人小鹿姐姐也是我中学时代的校友，当我和她一起谈起我小时候的理想和现在学生的理想时，她也深有感慨地说："小时候，当我第一次戴着红领巾拿起话筒的时候，我就痴迷于这个话筒，渴望长大了能进入拿着话筒的行业工作。理想就是隧道尽头的那束光，只要那束光在隧道尽头，无论隧道里多么黑暗、多么难走，我都会义无反顾地朝着那束光前行。后来，我一直在这条路上探索，一直坚持做儿童节目的主持人，直至今天。"听她讲了之后，我更加坚定了心里的信念：做教师最重要的是点燃孩子们心中的理想之光。只要那束光在，无论我们的孩子将来走向哪里，遇到什么困难，他们都会积极热情、义无反顾地追寻他们的理想。

每次孩子们做生涯规划时，我都会不由自主地给自己也做一个新的生涯规划。随着一届又一届孩子毕业，我也走过并完成了自己一个又一个三年规划。这就是做教师的幸运——我们总能跟着孩子一起回望自己的青春，享受师生共同的憧憬，走向山谷师生的美好未来。

崔倩倩老师是一位充满朝气的青年心理教师。她像孩子们一样竹子拔节般快速成长着。我有幸观察到崔老师在生涯教育中的"教师成长三阶段"。

第一个阶段：事业憧憬期。我参加了崔倩倩老师的入职面试，当时她兴致勃勃地说："我是事业型！"那纯真的对事业的热情令人心生喜爱。刚入职不久，她跟着学生去武汉参加游学活动，我发现她总是非常主动地"蹦出来"，见缝插针地对学生进行生涯引导。游学路上遇到各行各业的人和事，崔老师都充满热情地鼓励学生去了解和体验。这时她虽然还没有很多专业技巧，但是对事业充满热情和憧憬。

第二个阶段：快速发展期。在模拟招聘会和生涯体验活动中，崔倩倩老师很快就由参与者成长为重要的策划人和组织者。她的专业介入点是"尽最大可能满足每个学生的需求"。她细心观察学生的各种需求，然后用心设计活动方案，为学生提供更多、更精细化的生涯体验机会。例如，高年级学生参加模拟招聘会时，她组织低年级学生依据自己的意愿为各招聘公司做志愿服务。再如，组织学生去大学体验时，她不厌其烦地统计并联络每个学生喜爱的大学和专业，并且把大学招生办公室介绍专业的环节改进为各院系、各专业的教授为学生做生涯讲座。

第三个阶段：专业研究期。经过不到五年的用心实践，崔倩倩老师的专业发展方向日渐明晰。我对她做了一次教师访谈，访谈中我看到她的专业感和方向感都更明晰了。她组织老师们筹备北京市的生涯教育现场会；她把自己和同事们的实践成果整理成册，牵头撰写课题申请报告，带领大家开展课题研究。

在我们学校，很多教师都和学生一起在生涯教育中成长。北京市教育科学研究院负责生涯教育的王红丽老师表扬我们学校的生涯教育是全校、全方位的、系统的生涯教育，她组织全北京市的同行参加了大峪中学的生涯教育现场会。李荣副校长带领杨勇、王金杰、崔倩倩、索玲、王蕾、郝全智分别从不同方面系统地总结了大峪中学生涯教育体系的建立和实践情况，得到与会者的一致好评。

众人拾柴火焰高，老师们投入地探索生涯教育时的眼神都透露出对这项工作和孩子们的爱：心理教师崔倩倩在模拟招聘会场穿梭观察的眼神灵动而专注，年级组长索玲和班主任们在亦庄开发区带领学生做生涯体验时的眼神亲切而友爱，年级组长王锋和班主任们带领学生走进大学做学业规划时的眼神慈爱而期待，新疆内高班的主任王蕾和老师们带领新疆学生在斋堂医院做生涯体验时的眼神热情而欢快，升学指导中心的郝全智主任给学生和家长做一对一生涯辅导时的眼神温润而儒雅，李荣副校长带领全校班主任开展生涯教育培训时的眼神坚定而有力。

6. 和大学交朋友

常常听到大学老师抱怨学生升入大学后很容易进入懈怠期，高考之前大家抓得紧，上大学之后学生一下子脱离了父母和老师寸步不离的管束，变得无所适从、无所事事。我觉得根本原因在于很多学生不是带着对自己专业的喜爱和向往进入大学的，没有热爱和理想作为召唤，就会迷茫和徘徊。如果中学和大学能够联手，帮助学生提前走进大学、体验专业，真正喜欢某所大学、某个专业的孩子们就能带着理想和明确的志向开始他们的大学学习生活。于是，我们开始尝试和更多大学合作开发中学和大学的衔接课程，我们抛出的橄榄枝得到了很多大学的热情回应。

暑假的一天，我路过美术教室，从门口看到北京服装学院的李栋教授正在独自搬运一大袋服装布料，像一位普通的搬运工人，非常辛苦。事后谈及这件事时，李栋教授洒脱地笑着说："没关系，美术教室里女老师、女学生多，所以搬东西这类事情，我经常做。"李栋教授是怎样被我们"绑架"到大峪中学发展的这辆战车上的呢？

"垂衣裳"纸模服装秀

事情还要从我们的第一次篝火晚会说起。那次篝火晚会演出时，通用技术教师杜春梅急匆匆地冲到灯光师旁边，请灯光师帮助她们完成纸模服装秀的表演。纸模服装秀就是学生用纸做成服装，然后由学生模特穿上进行表演。杜老师大声且坚决地对灯光师说："一会儿我喊'关'的时候，你要立刻把全场的灯都关掉！"一会儿，学生开始表演了，杜春梅老师一声令下，全场的灯都熄灭了，这时候，一个学生模特身姿摇曳地走上台。她身上穿的纸模服装是潭柘寺系列，裙子的创意源于潭柘寺的盘香造型，而且用的材料还能够发光。在山谷中的夜幕下，忽然见到一个青年学生走到台上，她身上的裙子像红色的盘香一样，上下颤动着，并且发出光芒，全场观众都惊呼起来。此刻我想："杜春梅老师真是好样儿的！"其实，她已经带领学生设计制作了很多纸模服装，其中爨底下系列的"心窗花开"获得了北京市纸模服装大赛的一等奖。

后来，参加北京市"翱翔计划"讨论会时，我遇到了北京服装学院的龚龑教授。龚龑教授非常支持中学和大学联合开展教育活动，他热情地把北京服装学院的贾荣林校长介绍给我们，还把贾荣林校长和李栋教授一起拉到大峪中学来。北京服装学院的领导和老师们如此真挚、热情，他们真心愿意为中学艺术教育提供帮助。贾荣林校长是北京市民进委员，因此，这个项目得到了北京市政协"8+1"活动的支持。所谓"8+1"，就是北京市八个民主党派一起支持门头沟区的发展。

大峪中学牵头对接北京服装学院的部门是项目管理中心，即原来的学校办公室。项目管理中心的任务就是推动学校各类新项目的开发和启动。语文教师吕娜是项目管理中心的主任，我对她说："你的任务就是坚持骑在学校的墙头上，一眼看学校里边，一眼看学校外边。当学校外边出现有利于师生开阔视野、拓展教育时空的事情，你要敏感地把它引进到学校里来。同时，你也要努力把学校里的各种教育教学活动引到校外去。你要成为开凿山口的人，让山谷内外连通起来。任何一个组织都要不断地进行内外能量的交换，一旦没有了能量交换，这个组织马上就会走向衰退，甚至濒于死亡。所以，项目管理中心的任务就是打开山口，促进山谷内外的能量交换。"吕娜是一位悟性非常高的姑娘，被我称作"小推土机"，能够迅速有力地推动各种新项目。北京服装学院的老师来访后，她马上召集了美术教师王娜、贾茹、褚玉珍和通用技术教师杜春梅回访了北京服装学院，寻求大学教师的指导。在李栋老师的指导下，大峪中学的老师和学生在原来的基础上，进一步挖掘门头沟区的文化要素，制作了不同主题的纸模服装，例如"永定河水"系列、"百花山"系列、"太平鼓"系列、"枫叶"系列等。学生自己设计服装、绘制图样、动手制作、登台表演。表演用的服装用纸来源于李栋教授"古法制纸"的课题，用自然花草和特殊工艺制作出来的纸张更加美丽，更加柔韧。

贾荣林校长帮助我们联系了北京服装学院的 T 台，这是全国最好的服装表演专用 T 台。我们用几十辆大车把全校学生都拉到北京服装学院观看同学们的表演。这场表演的前期培训和筹备得到了北京服装学院几乎所有院系老师和同学们的支持，临近表演，服装学院表演专业的老师还在后台一遍遍地教孩子们怎样穿高跟鞋走模特步，鼓励孩子们大方自信地在 T 台上表演。有了北京服装学院各个院系老师的支持，这场表演才能得以实现，因此，正式表演当天，孩子们在台上表演，大学各个院系的院长、书记都坐在台下给孩子们当评委。贾荣林校长开玩笑说："你们中学号召力够强的，我们校长召集各院系开会，人都没有这么齐，你们中学生的活动却能够调动各个院系的主要领导和老师。"我们听了以后也心存感激。我们知道，这是大学老师对于中学生的殷殷期待，也是大学老师对于中学教育的无私支持。

表演的最后还出现了一个小高潮。在前期设计、制作和表演的过

学生自主设计制作的"永定河水"系列纸模服装

程中，我们还邀请了门头沟区几所小学的学生共同参与，因此，在颁奖典礼上，我们邀请门头沟区大峪一小的高瑞红校长为一等奖颁奖。当高瑞红校长走上颁奖台的时候，台下毕业于大峪一小的孩子们都欢呼起来。这场欢呼推开了小学和中学之间的教育之门。由此，我们通过纸模服装项目，实现了大学、中学、小学之间的沟通合作、贯通培养。

"未蓝"蓝染服装秀

　　纸模服装秀的成功使大学和中学老师都获得了强烈的成就感。大家一发不可收，第一个项目一结束，就开始策划第二个项目。第二个项目是李栋教授带领我们的美术老师一起设计的以"未蓝"为主题的蓝染服装秀项目。吕娜主任带领大家很快就投入到新项目的开发中了。他们首先走进南通学习古法蓝染技术。走进真实的蓝染工厂，青年化学教师邓晶晶向学生和老师们解释了蓝染的化学原理，学生自主设计了布料的纹样，并动手把自己设计的纹样通过蓝染技术制作成布料，再按照自己的设计将其剪裁、制作成服装。然后，小设计师们选拔模特，请身材适合的同学把他们的设计展现出来。同时，学生还学习了服装立体剪裁技术，并且在现场表演了服装的立裁制作。

　　学生第二次在北京服装学院T台上的表演包含了三个阶段：第一个阶段是前期自己设计、蓝染、制作表演的服装；第二个阶段是现场为大家表演立体裁剪，小设计师们在一分钟之内用他们自己的布样，借助别针为台上的小模特们制作服装，然后小模特们走秀表演；第三个阶段是展示他们用发光材料制作的服装。物理教师王晶、化学教师邓晶晶还带领学生研究了发光材料。化学教师邓晶晶说："我们尝试了各种材料，也经历了一次次的失败，有的材料储能时间太长，但是能发光的时间却太短，有的材料不便于弯曲，无法制作服装。经历了数次失败之后，我们终于找到了合适的材料。"表演当天，小模特们在台上穿着由可以发光的材料制成的服装，台下的学生通过手机调整服装的颜色和发光频率，使其随着音乐节奏的变化呈现出不同的效果。这些技术的应用使科技、人文、艺术相融合的初衷得以实现。

"未蓝"蓝染服装秀大获成功，引起了很多人的关注。表演结束后，常常会有各种表演活动的组织者跑到我们学校来借用学生设计和制作的服装。这些服装无论穿在谁的身上，无论被借到哪类活动中去展示，都能获得大家一致的赞誉。

我们学校和瑞典舍夫德高中是国际友好学校，两校每年都有互访活动。这一年，我们把"未蓝"项目的优秀学生和教师派到瑞典去访学。我们的小设计师和小模特们带着他们自己设计、制作的服装，为那里的学生进行蓝染服装秀表演，传播中国的传统文化。在异国他乡，他们再一次收获了鲜花和掌声。

"未蓝"蓝染时装秀上中学生和小学生共同表演

"冬奥有我"主题服饰秀

由此，学校里形成了每两年办一次服装展示活动的传统。这个传统驱动着老师和学生用两年时间系统地完成一个综合任务。"未蓝"项目结束之后，大家马上开发了下一个项目——迎接北京冬奥会的主题项目，老师们把项目名称确定为"冬奥有我"。大家先是想要做冰雪服装，后来又想做具有中国传统特色的旗袍类服装。拿不定主意时，我们联系了冬奥组委专职副主席韩子荣。韩子荣副主席热情地回应了我们，她在微信中鼓励我们把视野拓展到全世界。这再一次点燃了老师们新的创作灵感。最后，大家决定邀请我们在世界各地的友好学校的师生们一起设计丝巾的图样，将来表演时，孩子们可以把丝巾做成各种样式的服装来表演，这样，成本降低了，操作简洁了，教育效果却更好了。大家很快就行动起来。区教委、区财政局也全力支持我们开展这个行动，使得"冬奥有我"项目迅速得以实施。我们以"冬奥有我"为主题，把山谷教育的触角延伸到门头沟区其他中学和小学，又延伸到世界各地，让我们的学生和世界各地的中小学生相互碰撞、相互激励。大峪一小、大峪二小、育园小学等小学的孩子们为自己的妈妈设计了迎接冬奥会专属丝巾图样。丹麦友好学校的学生设计了具有丹麦风格和特色的丝巾图样，而且他们来到大峪中学，向大峪中学的老师和学生介绍他们的创意设计。我们还把消息发给巴拿马、阿根廷、斯里兰卡、瑞典等地的其他友好学校，邀请这些友好学校的师生在世界各地设计迎接北京冬奥会的丝巾图样。我们期待着这些丝巾图样变成真正的丝巾，变成每一个孩子送给妈妈的专属丝巾，变成大峪中学和北京服装学院合作项目的专属丝巾，变成中国冬奥会的专属丝巾。大峪中学师生访问巴拿马、阿根廷的友好学校时，这些友好学校的学生看到自己设计的图样已经被做成丝巾成品，都异常兴奋。这样，服装秀的项目就像滚雪球一样，越做越大。

服装秀项目有力地连接了各学科教师：美术老师教学生色彩的搭配和图

案的绘制，通用技术老师教学生服装的剪裁和制作方法，语文老师教学生怎样给服装赋予传统文化内涵，舞蹈老师孙惠君、魏逢教学生怎样自信优雅地表演。

阿根廷友好学校圣安德列斯苏格兰学校学生设计的丝巾

学生用工业废纸设计制作的"奥运城市雅典"主题服装展示

学生自主设计的"冬奥城市都灵"主题服装展示

服装秀项目促进了小学、中学和大学之间的合作，打破了学段壁垒，促进了不同学段教育的融通。北京服装学院所有的大型展览和表演活动都会邀请中学师生参加。我们应邀观看了北京服装学院的"垂衣裳"敦煌艺术服饰表演，从中深受启发，理解了服装是文化、科学、艺术的综合载体，理解了在人类发展的历史上服装不仅是遮羞蔽体的工具，还是思想文化的表达。"垂衣裳"表达了垂拱而治的中国传统思想。因此，我们也把学校里的服装社团命名为"垂衣裳班"。我们的美术老师在北京服装学院参加了服装设计、剪裁和制作的培训，老师们还跟随李栋教授去云南的古村落寻访古法制纸的工艺。

项目管理中心吕娜主任在云南古村落学习古法制纸

未来工程师

在大峪中学，类似服装秀这样与大学合作的项目越来越多。例如，在陈江锋主任的帮助下，我们曾经和北京航空航天大学的中法工程师学院合作，连续一年，每星期五下午，王玉等物理老师会带领学生到北航的实验室，跟着法国教授一起做实验，如光的衍射实验、自行车改进实验等。每年假期，教学主任王金杰，信息技术教师任飞，物理教师王旭、王华、邵艳秋、董现平和班主任老师们都会带领学生走进北京理工大学参加大学先修课程的学习。北京理工大学车辆机械工程学院的李忠新教授也是一位热心帮助中学的老师，他带领团队专门为中学生设计了假期课程，指导学生提前了解工业制图等大学课程。学生李逸文在高中期间每年都参加北京理工大学

学生在北京理工大学实验室设计工业传送装置

的大学先修课程，他在大学课堂里自主设计了测定摩擦力的装置，得到了李忠新教授的表扬。高考报志愿时，李逸文毫不犹豫地报考了北京理工大学，也收到了北京理工大学颁发的自主招生通行证。

我们还通过北京市的各种科技创新人才培养项目把一个又一个学生送到大学老师身边，体验科学生活。例如，陆湛图同学跟着北京理工大学的教授设计蛇形机器人。蛇形机器人的设计和制作激发了他研究生物医学的愿望，最终他被首都医科大学和北京航空航天大学联合培养的生物医学工程的高精尖项目录取。付雅同学高中期间跟着北京理工大学的教授设计隐形车，她的隐形车是拆了家里所有人的旧手机制作而成的，这个设计制作的过程在她心中埋下了"崇德尚学，知行合一"的价值观。

2017 年，曾经在北京航空航天大学工作过的陈江锋主任接任区教委主任，他调动各种资源，在大峪中学举办了"京西高招咨询会"。陈江锋主任还根据以往在大学的工作经验，精心地把高招咨询会的时间安排在每年高考刚刚出分、学生即将填报志愿的关键日期——6 月 23 日。每年的这天，大峪中学体育馆里都是人头攒动，高等院校的老师和学生家长在这里进行着最关键的交流。学校升学指导中心的郝全智主任提前几个月就开始向全国各知名大学发出"来自山谷的邀请"。作为语文特级教师，郝全智没有把自己限定在忙于事务的招办主任，而是把自己当作学生的学业规划师。他悉心地指导学生选择适合自己的大学和专业，他积极地推动着我们这所山谷中学和大学、小学之间建立联系，正如他的 QQ 网名"使者"。此外，很多著名大学也向大峪中学赠送了"优质生源基地"的牌匾。

京西高招咨询会现场

京西高招咨询会各大学代表合影

京西高招咨询会北京航空航天大学咨询台

7. "自驾" 游学

　　新疆内高班学生寒假不回家，他们在学校里过春节。怎样带领学生在北京度过一个有意义的寒假呢？新疆内高班的王蕾主任给学生做动员："大家已经来北京了，北京有丰富的文化内涵，如果同学们只是在大峪中学上学，或者只是像游客一样在北京游玩，那不算'走进北京'，最多只能说是'走近北京'。要想真正走进北京，就要深入领会北京深刻而丰富的文化内涵。"学生听了以后跃跃欲试。王蕾主任建议学生设计有意义的游学项目：北京有很多博物馆，可以设计博物馆主题游学；有很多名人故居，可以开展北京名人故居游，充分了解名人的生活和他们所处的时代；北京有很多书店，而且各具风格，可以开展北京书店游，等等。

　　孩子们根据自己的兴趣，在放寒假前就制定出了自己的寒假"自驾"游学路线。一进新疆楼，黑板上贴着一张大大的北京地图，地图上面用不同颜色的笔画着孩子们自己设计的游学路线。整个游学都由学生自愿组队、自选组长。游学组长统一大家的意见，然后带领大家一起策划游学方案：我们去哪里？几点出发？坐什么车去？在哪里吃饭？怎样分享？回来怎样汇报游学成果？到了春节"自驾"游学的那几天，每天早晨孩子们很早就分批出发了。去书店的孩子们去了三联书店、故宫角楼书店。去故居的孩子们去了老舍故居、鲁迅故居。去博物馆的孩子们去了北京科技馆、古脊椎动物馆。每个小组都会有几位随行的老师，但是随行老师不会改变学生的方案，只是跟着学生走，保证学生的安全，适时对学生进行点拨。

我陪伴的那个小组的组长叫王秋月，她大清早就带着我们出发了。我们都特意换上了旅游鞋，跟着学生完成这一趟自主走进北京的旅行。不跟不知道，一跟才发现小组长可真是不好当：孩子们各有各的主意，一个小组里不同的孩子有不同的主意，同一个孩子在游学的过程中也会不断改变主意，所以这一路上组长不断地听取大家的意见、整合大家的意见，着实费了番心思。例如，我们坐在公交车上，总会有不同的孩子冒出新主意。有的孩子说："我们提前下吧，如果提前在这一站下车，我们可以转乘地铁，转乘地铁我们能更快到达。"有的孩子说："不，如果我们再坐两站，我们就不用转地铁了，步行就可以直接到，这样更省钱。"

全组还建了一个QQ群。组长一边要听着报站声，以免耽误全组下车，

学生"自驾"游学小组在地铁站里

一边要听着大家七嘴八舌说出新的建议，一边还要在 QQ 群里向坐在不同位置的组员发布最新通知。这时我想：组长这个岗位非常好地锻炼了她的决断能力，她听了大家各种建议之后，要迅速做出判断，还要照顾到每个人的情绪，及时安抚大家。

终于到了北京科技馆，孩子们分散到各楼层去收集资料，之后大家要回到科技馆的大厅里汇报、分享自己看到的内容，还要用带来的器材做模拟实验，进一步探索展示内容的科技原理。春节期间，科技馆里游人众多，但孩子们并不需要老师帮助他们组织，他们自己主动组织排队、参观、汇报。

学生"自驾"游学，在冰上娱乐

从科技馆出来向前走，遇到一片冰场，组长允许大家在冰场上玩。在北京的冬天里，孩子们有的在冰上自由散步，有的骑冰上自行车，有的互相推冰上小车，在冰上享受着北京的冬日。

然后大家又坐车去古脊椎动物馆。为了节省交通费，他们徒步走了很长的路，用最费力却最省钱的方法到达了古脊椎动物馆。到达古脊椎动物馆之后，大家开始学习化石模型的制作，听讲解员的讲

学生"自驾"游学，在古脊椎动物馆里住帐篷

解。夜幕降临了，学校里的后勤主任高建新开车为大家送来了帐篷，大家在大恐龙脚下搭起帐篷，准备在古脊椎动物馆过夜。孩子们很兴奋，老师刚刚躺下，就看到有些孩子自己悄悄地从帐篷里钻出来，在夜深人静时绕着博物馆的展台慢慢转、慢慢看、慢慢学。

当然，去古脊椎动物馆之前，孩子们还去了附近的新疆大厦，尽情享用了一顿家乡的晚餐。

此后，每年春节，新疆内高班的孩子们都会有三天"自驾"游学。他们通过"自驾"游学，用自己的眼睛看，用自己的腿丈量，用自己的大脑思考，一步一步走进北京。事后我问新疆内高班的学生："你是根据什么原则选择书店或者是故居的？例如，你们选书店的时候，是选美术馆旁边的三联书店，还是选三里屯旁边的三联书店？"我以为孩子们会说根据他们更崇拜哪位名人或者更想探究什么来选择，结果孩子们一笑，顽皮地说："我们有一个很重要的选择条件，就是附近有没有我们想吃的清真饭店。"孩子们的世界就是这么简单，这么快乐。每年新学期开学，本地学生回来了，看到新疆内高班学生各种各样的"自驾"游学照片反而羡慕起新疆内高班学生了。

8. 千万别急于出发

我们的山谷课程有三个方向：走进山谷、走出山谷、走向世界。无论目的地是哪里，无论师生有多么迫不及待，都要切记"千万别急于出发"。如同射击，一旦子弹发射出去，我们就无法再做更精确的瞄准，无法更精细地调整方向了，当然射击的结果也就变得不可控了。

"孔子在学生心里变成熟悉的人"之后再去曲阜

班主任老师总是希望自己班里的学生乖一些，但是如果只靠老师的管束，难以真正地提高学生的内在修养。刘立地老师做了新组建班级的班主任。怎样把班里的学生培养成谦谦君子？怎样促进学生之间更好地交流？怎样促进新组建的教师团队更好地合作？怎样促进师生之间更深入地交流？刘立地老师想了一个办法——组织学生去山东曲阜追寻孔子的足迹。于是，在班主任老师的倡导下，任课老师和学生开始筹划"追寻历史的跫音"的"与子同行"课程。项目管理中心主任吕娜是这个班的语文教师，她以这次曲阜之行为起点，积极地推动"与子同行"系列课程。

大家都迫切希望尽快实现这个想法，但是当老师们来找我的时候，我没有立即同意大家出行。我对老师们说，你们要在走之前，带领孩子们做足够的准备，做足够的研究。如果没有足够的研究，直接把队伍拉出去，收效是很微弱的。怎样算准备充分了？只有当2500年前的孔子在学生心里变成了熟悉的人的时候，学生发自内心地崇拜孔子，渴望追寻他的足迹的时候，才算准备充分了，才能起身出行。

老师们立即组织起来，分工带领学生开展研究。语文老师吕娜带领学生读《论语》，一遍一遍地读，一遍一遍地理解；带领学生看周润发演的电影《孔子》；带领学生读各种研究孔子和研究《论语》的文献；还带领学生到北京大学聆听常森教授的讲座。孩子们读文献、听讲座、看电影之后开始撰写他们的祭拜长诗，写得非常深入，感情也很充沛。这首长诗里囊括了《论语》中很多语句和观点。后来，当孩子们到了曲阜，在孔庙前诵读祭拜长诗的时候，游人都被他们所感染，站在旁边静默地聆听。此时，孔子的思想、《论语》的论述都已内化到了孩子们的心里。

师生在曲阜孔庙杏坛

历史老师张群带领学生研究世界各地与孔子同时代的几位轴心人物。让学生比较孔子、亚里士多德等东西方轴心人物的相同和不同之处，理解他们在人类历史上的划时代意义。

政治老师闻海东带领学生研究"半部《论语》治天下"，研究海尔集团是怎样运用中国传统思想创造出成功的企业管理案例的。

班主任刘立地老师是地理老师，她带领学生研究齐鲁大地的地形、地质特征和地下水资源，探讨齐鲁大地为何诞生了孔子这样的伟大人物。刘立地老师还带领学生去北大聆听地质学家关平教授关于山东地形和地质特征的讲座。

每一位教师带领学生从自己的学科视角来研究孔子，这些研究使学生心中的孔子形象更加立体，日渐伟大。做了充分的准备之后，师生一起走上了"追寻历史的跫音"的道路。

"学生也很爱苏轼"之后再去海南儋州

庄妍老师是一位语文老师。她说曾有人对语文老师做过一个调查：如果让你嫁给一位中国古代的文人，你愿意嫁给谁？据说93%以上的语文老师都愿意嫁给苏轼。当庄妍老师和我说想带学生去海南儋州追寻苏轼的足迹时，我说："只有学生像您一样爱上苏轼，您才可以带学生到海南去追寻苏轼的足迹。"于是，语文老师庄妍开始带领学生反复品读林语堂写的《苏东坡传》；地理老师杨秀岩带领学生研究海南的气候特征、地貌特征；历史老师耿国妮带领学生研究海南的红色革命历史；政治老师李杨带学生探讨博鳌论坛的价值；项目管理中心的吕娜主任努力地推动老师们行动起来，将新项目从想法变为现实。

师生经过很长时间的准备之后，我悄悄走进庄妍老师的班级，问学生："听说你们要去海南追寻苏轼的足迹，你们为什么不去苏堤看柔美的苏轼？为什么不去黄州看澎湃的苏轼？为什么要到那么远的海南去看苏轼？"学生顿时都一脸"鄙夷"地看着我。孩子们回答我说："看来您不了解苏轼！海南儋州是苏轼人生的最后一站。他让儿子提前为他做好了棺材，带着棺材去儋州了，而且他确实在回来的路上就去世了。因此，真正热爱苏轼的人都是要到苏轼人生的最后一站海南儋州去祭拜苏轼的。"听到学生的回答，我心里有数了，我知道庄妍老师的目的达到了。孩子们通过反复阅读《苏东坡传》，对苏轼已经有了比较深入的了解和满心的崇拜。我问他们："你们班有没有哪个同学像苏轼？"大家的目光齐刷刷地投向班里一位白白净净的男生，那个男生顿时坐得更直了，他也自豪地认为自己确实像苏轼，可见苏轼这个伟人已经"走"到了孩子们身边。那一段时间，在庄妍老师的班级里，无论是老师还是学生，对苏轼都是无限崇拜。

这时，语文特级教师郝全智邀请了中国社会科学研究院文学研究所研究员、《文学遗产》编辑孙少华博士来给同学们做讲座，介绍他所研究的苏轼。他研究苏轼的新视角带给师生新的启迪：作为文人，苏轼确实是一位伟大的文学家，但是作为政治家，苏轼的一生就是被贬的一生，一次次被贬，越贬越远，最终被贬到海南这样的"天涯海角"。如果不是一次次被贬，以苏轼的才华、能力，他是否能够为当时的国家和社会做出更大的贡献？为什么他没有得到这样的机会？这和他的个性特征有什么关系？他的人生中有哪些典型事件能够表现出他的个性特征？我们今天应该怎样客观地评价苏轼？听了专家的讲座，同学们的文学热情中又加入了冷静的社会学思考，大家对苏轼有了更加全面的认识。

最终，班主任和各学科教师带领学生完成了海南的"与子同行"课程。回来之后，我问庄妍老师："您对这次海南之行的感受如何？"她说："在这个过程中，最令我欣喜的是学生的思想变化。"

在祭拜苏轼之后，学生对游人进行了问卷调查和访谈。访谈之后，学生迫不及待地向班主任庄妍老师讲述了他们的感受："人读书不只是为了考大学，读过书的人和没读过书的人看上去是不一样的。我们在访谈的过程中，

师生在海南儋州追寻苏轼的足迹

有的人是怀着崇敬之心来拜祭苏轼的。我们问完他们问题后，他们还会给我们讲他们所了解的苏轼，还愿意与我们有更多的交流。也有人对我们的提问避之唯恐不及，说是旅行团把他拉到这儿来的，所以他就是随便转转。还有一些当地的居民说他们只是住在附近，做点小生意，没有研究过苏轼，更不了解苏轼的诗词。庄妍老师说，孩子们通过这次活动，能够得到"读书会使人不一样"的结论，对读书有了更深刻的认识，这就是一次成功的活动。

后来，班主任们带领任课老师和学生开展各种各样的"与子同行"活动。例如，语文老师王然林和美术老师王娜、贾茹带领学生去安徽、去江西、去浙江。他们在绍兴开展"朱墨韵朝花——追寻鲁迅的足迹"游学活动，大家提前在中国美术馆观看了关于鲁迅的画展，并学习了鲁迅的文章和关于鲁迅的文章。在回来的火车上，家长、学生、老师们一起开展了网络赛诗会，用诗歌表达了他们对游学的感受。

以班主任为核心的"与子同行"课程，在班主任、任课老师、全体学生、家长以及大学教授和科研专家的共同努力下，取得了丰硕的成果，孩子们的心灵与一个又一个圣贤伟人走得更近了。

第五章 ｜ "点捻儿" 课堂

我们深知片面追求升学率是不科学的，因为升学率与生源水平、家长素质以及区域的人口基数、文化水平、经济实力都有密不可分的关系。但是，一些望子成龙的家长难以心态从容地接受上述事实。于是，学校就必须面对"绕不开的升学率"。换个角度看，如果学校能在学生全面发展和学校健康发展的基础上，既追求升学率，又不片面追求升学率，升学率也能成为推动学校全面发展的好抓手。

　　为了提高升学率，山里人是不怕吃苦的，山谷里的师生都已足够努力，但是仅凭努力难以实现升学率的突破性进展。我们发现升学率迈上新台阶的瓶颈是孩子们不够"透亮儿"。山谷里长大的孩子由于生活的单调和视野的狭窄，分析、处理变式的能力不足，导致学业很难达到最高水平。于是，我们提出"迈出教材半步，创建点捻儿课堂"，尝试用"点捻儿"的办法使孩子们更加"透亮儿"。经过全校师生不懈的探索和实践，我校在山区学校的瓶颈学科英语上的高考平均分，由低于城区市级示范校25分，追赶到与城区市级示范校持平，双一流大学入学率成倍增长。

1. 透亮儿

　　大峪中学作为全区唯一一所市级示范高中，提高升学率的主要瓶颈在于提高名校录取率。怎样提高呢？我和山西来挂职锻炼的两位干部一起在高三学生中做了一个小调查，通过观察、访谈不同成绩的学生，我得出一个结论：如果只是想上大学，努力就行；如果想上名校，还得"透亮儿"。所谓"透亮儿"，就是有灵性。每个人的灵性都是与生俱来的，但是如果教育者不保护孩子的灵性，孩子就有可能变得不自信，进而变得不通透。

　　什么是灵性？在一次全区运动会上，由大峪中学学生组成的红旗队在入场式中第一个入场。我在主席台上看着40个举着红旗站在跑道上准备入场的孩子，忽然觉得自己得下去说几句。我赶紧跑过去，对孩子们说："孩子们，你们站在这里，怎样才能做到即使一句话不说，一个动作也不做，让别人看见你们就觉得你们特别聪明，就觉得你们是全区最聪明的孩子？你们想想办法。"然后我就跑回主席台上。这个时候，我看到孩子们在努力地寻找这个感觉——寻找灵性，呼唤灵性，让灵性回归到自己的身体里。

　　还有一次，全区各行各业一起举办活动，弘扬科技创新。大峪中学有一批孩子参与展示活动，因为孩子们的科技创新作品曾获过各种奖励，甚至有一个孩子还获得过五项发明专利。那天我到达会场时，孩子们正在舞台上排练。我坐在台下，看到工作人员正在培训孩子们："往前走三步，然后向右转，手指屏幕，介绍自己的发明。"我一看就着急了，这样训练可不行。我赶紧跑到后台，悄悄和孩子们说："你们每个人都有自己的科技创新，都有自己的发明专利，都是好样的！你们不用那么死板，想怎么走就怎么走，想怎么指就怎么指。发明都做出来了，还怕介绍发明？所以别紧张，舒服自在地介绍你的发明！"然后我又跑回台下，暗自窃喜地看到每个孩子都在努力寻找放松的感觉，每个孩子都在体会怎样自在地、洒脱地、自如地把自己的创造发明介绍给大家。

这两个小例子都是想说明，灵性既容易找到，也不容易找到。我甚至觉得我们常常会不小心把孩子身上的灵性给教育没了，所以，教育者要小心地保护每个人与生俱来的灵性，发展每个人的天赋才华。

在教育均衡的政策背景下，大峪中学的生源结构发生了变化，大批对口入学的学生升入初一年级。年级组长朱金强带领老师们先后召开了两个教学研讨会，讨论"怎样使普通生不普通，怎样使优秀生更优秀"。擅长培养拔尖学生的李颖、王然林、高荣华给大家上示范课，擅长辅导学习困难学生的李海英、李美芹、杜娟用课堂实践向大家展示自己的教学艺术。通过课后讨论，大家共创出很多有效又有趣的好方法，例如"粮草充足""小步快走"等。

怎样使学生更透亮儿？刚刚硕士毕业的青年物理教师李晓明说："在教学中引入真实情境，介绍最新科研成果，为学生创造见多识广的机会。"临近退休的化学教师崔学英说："首先，教师自己不能是一块毛玻璃，所以教师要通过自我突破，先把自己变透亮儿，才能帮助学生变得透亮儿！"

袁瑾瑜同学接到中央美术学院的录取通知书时，大家都想起了美术老师单悦陪伴辅导这个孩子的情景。大年三十，师生两人还在画室里练习，尽管他们练习很辛苦，但是我去看望他们时，袁瑾瑜的小脸上绽放出轻松、自信、愉快的神情，当时我在心里暗想：这个孩子学有余力，应该能考好！袁瑾瑜从初一到高三都是在大峪中学度过的，她的中学生活是丰富有趣的。政治老师赵红梅保存着她初一时的绘画作品，当时她跟着赵老师采访女企业家，回校后她为访谈成果集绘制了插图。物理老师王玉还保存着袁瑾瑜初二时在家里自制电容杯的录像。无论是复杂的电容杯、笔法稚嫩的书籍插图，还是辛苦集训时的轻松笑容，都诠释着她身上"透亮儿"的迷人魅力。

学生袁瑾瑜、焦祎阳和美术老师单悦在一起

怎样通过教学工作使学生透亮儿呢？

有结构，不堆砌。数学老师曹有丽告诉高一新生："你们走进我的班级，经历了怎样的过程逐步了解我？先判断男女，再记住身高、体态，然后观察五官，最后了解言谈举止。学知识也是如此，要先了解概貌结构，再逐渐填充细节。"曹有丽老师的课堂也总是结构清晰。

有变式，不死板。常务副校长贺启谋虽然已年过五十，但他还是坚持带头上好研究课。他的研究课的主题是"减数分裂知识的延伸"。他通过问题链引导学生探讨遗传过程中各种变异的可能，让学生在已有知识"变、变、变"的过程中融会贯通。

见世面，不闭塞；多实践，不死记。物理老师王玉利用中科院开放日（每年五月的一个周末），带领学生走进高校和科研院所，让他们了解科学技术的前沿发展；带领学生走进国家汽车质量监督检验中心，让他们结合生活实际体会碰撞试验的应用，了解各种金属的特性及优缺点，体会汽车各部件间的协调配合，了解节能减排的具体措施，树立社会责任意识；带领学生走进科博会，让他们近距离感受最新科技产品为生活带来的便利；带领学生走进北京航空航天大学中法工程师学院做实验，通过实验让书本上的原理和结论"活"起来。

学生在北京航空航天大学中法工程师
学院光学实验室做实验

学生在北京航空航天大学
工业科学实验室参观学习

2. 迈出教材半步

2015 年高考之后，我把北京市各学科的高考题都做了一遍，做完之后按照标准答案给自己判分，得到一个自己的得分率，拿自己的得分率和大峪中学学生的得分率做比较，再和北京市的得分率相比较。比较之后，我发现了学校各学科教学的亮点和短板。

从语文高考各题得分率来看，平时我们觉得孩子们还不够努力，但是他们的"默写"考得挺好，孩子们没见过的古诗文鉴赏题考得不好。从外语高考各题的得分率来看，我们平时觉得门头沟区的孩子接触外国人少，他们听力训练的机会少，但是他们的听力成绩还可以，我们以为比较难的完形填空孩子们也考得挺好，但是外语试题中的说明文、议论文阅读得分率不高。从数学高考各题得分率来看，我们觉得考验空间想象力的三视图是比较难的，但是孩子们考得挺好，数学题中的应用问题，例如燃油问题、康复概率问题、购物概率问题，孩子们考得不好。从理科综合的物理、化学、生物各题得分率来看，我们发现一些需要深入研究的课题，例如药物依赖问题、自主设计加速度实验、和生活紧密联系的公交车 IC 卡的问题，孩子们考得不好。

通过分析以上结果，老师们探讨我们目前的教学还存在哪些问题。语文学科主任沈艳辉老师说，我们得迈出教材半步，带领学生开展教材以外的更广泛的阅读。英语学科主任王云霞老师说，我们学生的外语应该在各学科学习过程中得到广泛应用，要为孩子们多创造用外语学习、用外语思考、用外语研究的机会。数学学科主任谭勇老师说，我们的数学教学不仅要让学生学会解题，还要让学生学会解决问题。化学学科主任、特级教师邵正亮说，我们的教学应该"拔出萝卜带着泥"，我们平常都是"把萝卜洗干净、切好了"给孩子们端上来，但是孩子们并不知道这些"萝卜"是怎么"种"出来的，没有机会参与"萝卜"的"种植"过程和"制作"过程，因此，我们应该带着学生练习"种萝卜、拔萝卜"，引导学生看到"萝卜上的泥"。生物学科主任张艳霞老师说，我们应多引入分子水平的科学前沿实验设计。物理学科主任宋诗卿老师说，我们要引导学生自主设计实验。历史学科主任张学勇老师说，历史是为现实服务的，我们应从身边的现实出发，回溯历史的价值。综合大家的思考，我们共同决定向全校发出课堂教学改革的号召——"迈出教材半步，创建点捻儿课堂"。

我们进一步讨论：迈出教材半步，迈到哪儿去？我们不能陷在教材里，不能陷在练习册里，不能陷在高考模拟题中，我们应该带着学生走向更广阔的学习和研究的天地。迈出教材，迈到生活中去，迈到山谷中去，迈到科学前沿去。

迈到山谷生活中

孩子们生活的大山谷是教育教学的资源宝库，当我们带领学生走进山谷，把教材里的抽象知识与身边的山谷生活建立起联系时，教材里的知识才能成为学生头脑中的知识，学生才能把知识用活。

地理教师孟田田在讲"交通运输对门头沟区聚落的影响"时，带领学生分析了门头沟区的过去、现在和将来。京西古道是古代门头沟区的交通要道，学生通过手机查询京西古道的作用，查询京西古道上古村落的发展兴衰。孩子们通过查资料了解到京西古道是古代的煤道、商道、香道和军用道。成为煤道是因为门头沟区盛产煤炭，这些煤要运到城区去。因为门头沟区是北京和塞外交接的地方，所以和平时期，京西古道是北京城和山西、内蒙古进行物质交换的商道，也是古代进香的香道，而在战乱时期，京西古道就成了军事用道。古代经济繁荣时期就有了繁盛的三家店村，当时客商云集的山西会馆就坐落在三家店村。但是，随着公路的修建，京西古道沿线的一些古村落开始衰落了。学生找到了一些老照片，通过老照片能看到衰落的赵家台村、黄家岗村，其中黄家岗村如今已经只剩下一户人家了。

孟田田老师带领学生通过手机搜索卫星图像研究门头沟区聚落的变迁

　　学生进一步探索京西古道衰落之后门头沟区聚落中心的变迁。20 世纪五六十年代，为了便于工人们进城务工，门头沟区修通了自西向东从圈门到城子的公路，后来又进一步向东延伸进入城区。东西向公路的通行使门头沟区的经济重心从圈门东辛房地区转移到了更靠近东部的城子地区。孟老师发动学生在课前搜集家里的老照片，用老照片作为聚落变迁的证据。一名学生找到了他叔叔在 2006 年拍摄的圈门村老剧院的照片。五六十年代的圈门村曾是煤矿所在地，经济繁荣，剧院是经济文化生活繁荣的象征。圈门村老剧院的老照片记录了 2006 年它面临拆迁时的败落景象，反映了它从五六十年代的鼎盛繁华到 2006 年衰败的变迁。

20 世纪七八十年代门头沟区修建了贯通南北的公路，南北通道和东西通道的交界处是大峪地区，所以经济中心又从城子地区转移到了大峪地区，这一历史也有学生找来的老照片为证。随着南北通道的畅通，经济中心由大峪地区向南发展，转移到了永定冯村地区。永定地区随着交通线路变化，聚落形态发生了什么变化呢？学生在手机上通过谷歌地图、高德地图找到了永定地区在修建公路前和修建公路后聚落面貌的变化：居民逐渐增多，商业用地逐渐增多。

通过研究，师生又提出了新的问题：门头沟区未来将会发生哪些变化？新修通的更便捷的磁悬浮列车将会对门头沟区的聚落变化产生怎样的影响？

孟田田老师的这节课是对"未来课堂"的实践解读。孟老师通过引导孩子们从家人那里寻找老照片，探索家乡的变化，来培养他们对家庭、家乡的情感；通过引导学生使用谷歌地图、高德地图，拓展了教育时空。

迈到科学前沿处

教材是经典的教学读物，它不可能也没必要囊括所有最新研究成果。但是，最新科研成果常常是思维训练的好素材。这就需要教师主动做"半个专业工作者"，主动触摸学科发展的前沿脉搏，及时地把最新研究成果提炼转化成教学素材，以此拓宽学生的科学视野。

生物学科近年来引进了几位青年硕博士教师，他们了解最新的生物学前沿研究。他们的师傅张艳霞老师不仅是学校里的生物学科教研主任，而且是门头沟区教师进修学校的兼职教研员，她非常善于启发、鼓励、辅导青年教师。在师徒的共同努力下，生物学科创建了很多与生物前沿研究密切结合的好课。

周帅老师用阅读科普文献的方法引导学生的生物学习。新冠肺炎疫情期间，周帅老师向学生推荐了系列科普文献，学生自主阅读，利用网络课堂交流阅读感悟，互相答疑解惑。不知不觉中，学生的学习视野得到了极大的拓宽，自主学习思考的能力得到了极大的提升。

于君雅老师把自己读硕士时做研究的过程简化、提炼为学生课堂探究的问题链，学生在讨论中学习了生物实验的设计方法。因为这是教师已经完成的科学创新实验，所以师生之间的讨论具有真实可靠的实验背景，不再是纸上谈兵。

郭琴老师在"永远的海拉"这节公开课上，带领学生们在 PAD 教室通过模拟实验研讨海拉细胞的再生，呈现师徒共同研究的成果，用现代技术有效提高了展示效率。

还有很多老师对课程内容进行了重组，使课程相互连通，让教师在迈出教材半步时能够更加有的放矢。例如，美术老师单悦主张在美术特长生培养的过程中对文化课和美术课进行系统整合；历史老师耿国倪和栾艳通过改变高三复习的策略、结构有效提高了成绩；英语老师何洋认为英语教学应该进行纵向整合，把高考复习的战线纵向拉长，而不是简单地在高三突击复习；物理老师杨光照主张我们调整工作重心，把以高三为重心转变为以高一为重心，通过分解、细化知识点，千方百计阻止两极分化。

如果教材是师生唯一的学习素材，它就会成为师生学习的藩篱。只有突破教材的藩篱，走进更加广阔的课外阅读空间，师生的知识、思维、境界才能得到提升。

虽然突破教材的藩篱能帮助师生获得教与学的精神自由，但是"留一只脚在教材里"也是非常有必要的，否则，教与学又会陷入不着边际的另一个极端里。

3. 创建点捻儿课堂

我的老师王能智曾说过，"课堂是教学研究永恒的实验室"，我们认为，课堂是让学生透亮儿的主战场。由此，我们提出"迈出教材半步，创建点捻儿课堂"。

创建点捻儿课堂，这是教师对教材进行再加工的过程。各学科的"捻儿"在哪里？在逻辑思维的建构里，在实验、实践的体验里。

教学主任王金杰和各学科教研组长组织老师们创建了大量点捻儿课堂。他们带领各学科教师开展"教学琢磨节"活动。在我们的"教学琢磨节"上，每个学科确立一个主题，例如，数学学科的主题是"学会解题，更要会解决问题"，语文学科的主题是"游牧式阅读"，所有老师都围绕本学科的主题，用自己的课堂宣传自己的教学主张。大家集体备课、互相观摩、共同研讨，用课切磋、用课交流，如切如磋，如琢如磨。

用问题点捻儿

问题是思维的发动机，能够启发学生思维的好问题就是点捻儿的好火种。

白璐老师带领学生阅读《红楼梦》。在阅读分享课上，大家讨论宝玉挨打的片段，白璐老师给这节课命名为"谁的眼泪在飞"。学生在课堂上辩论

"宝玉该不该打",这些和书中宝玉年龄相近的孩子们,站在他们的视角,理解、体会宝玉该不该打。学生按照自己的观点是"该打"还是"不该打",分别站到两个阵营里,大家展开了激烈辩论。之后大家又分析:在宝玉挨打的过程中,谁哭了?(贾政哭了、王夫人哭了、贾母哭了、黛玉哭了)他们为什么哭?谁没哭?(王熙凤没哭、薛宝钗没哭)她们为什么不哭?还有一个人,他可以哭,应该哭,但是没哭,这就是宝玉。宝玉为什么不哭?教师通过一系列问题引导学生逐步深入地理解章节片段,进而更加深入地理解《红楼梦》这本书。课堂上,孩子们从自己的视角出发,体会宝玉挨打的心情:"父亲一边打我一边哭,父亲是想,如果我哥哥还在,就不用把期望都寄托在我身上。母亲看到我挨打,因想起我哥哥而伤感地哭。父母不仅打我,而且还觉得如果哥哥还在就不用对我寄托期望,你说我心里多难过!"孩子解读的既是曹雪芹的《红楼梦》,也是16岁中学生的《红楼梦》。他们在解读和分析的过程中学习了更多感受情感、表达情感的方法。

用任务点捻儿

任务能够驱动学生的自主实践,因此,任务常常能够点燃学生的实践探究之捻儿。

生物教师周帅在讲解生物酶的相关章节时,给学生布置了"把家务劳动变成科学实验"的任务——指导学生制作姜撞奶、自制果酒、研究含酶洗衣粉,点燃了学生开展科学探究的捻儿。

首先,把家务劳动变成研究课题。

周帅老师告诉学生"厨房是人类最古老的实验室",引导孩子们从柴米油盐中选择一个研究项目,设计一个研究方案。孩子们很喜欢制作和品尝小吃,班里大约65%的孩子都选择了"制作姜撞奶"的任务。孩子们的探索没有局限于制作和品尝美食,而是分别提出了自己的科学假设,设计并实施实验进行验证,最终得出了结论,并制作视频与同学们分享。

孩子们把家务劳动变成科学实验的第一个任务是：分析变量，提出假设。孩子们可以从制作姜撞奶的原料和原理入手。于是，有的孩子把牛奶作为自变量，研究用全脂、低脂、脱脂牛奶中的哪种制作效果更好。有的孩子通过查资料了解到姜撞奶凝固是由于姜汁中含有一种蛋白酶，于是把姜作为自变量，研究用老姜与嫩姜中的哪种制作效果好以及用隔夜姜和新切姜中的哪种制作效果好。有的孩子把牛奶和姜的关系作为自变量，研究牛奶和姜的最佳比例，也有的研究牛奶和姜的添加顺序。最终，孩子们得出自己的实验结果：根据杨怡然等同学的实验，用全脂牛奶效果更好；根据张瀚、马明明等同学的实验，用老姜效果更好；根据安雅航同学的实验，用隔夜姜汁效果不好；根据张漠函同学的实验，把牛奶撞入姜汁的效果更好；根据刘依琳同学的实验，榨好的姜汁最好尽快使用。

除了制作姜撞奶的原材料可以作为自变量，环境因素也能作为自变量。有的同学探索了姜撞奶凝固最适宜的牛奶温度，还有几位同学分别研究了牛奶煮沸后放置时间长短、姜汁榨出后放置时间长短、牛奶撞姜后静止时间长短的影响。根据闫懿等同学的实验，牛奶温度为 70℃到 80℃效果最好；根据赵禹莹的实验，煮沸的牛奶放置冷却 1—2 分钟后再撞入姜汁效果更好；根据张佳怡的实验，牛奶撞姜后静置 10 分钟凝固效果较好。

其次，把日常观察变成研究记录。

在项目学习中，周帅老师引导孩子们用严谨的方法记录并分析自己的实验过程。

孩子们在学校都学过实验记录和分析的方法，所以把家务劳动变成科学实验的第二个任务是：学以致用，规范地对家务劳动进行记录和分析。李慧婷同学研究含酶洗衣粉的洗衣效果时，独立设计了一系列实验，对比研究不同水温下，含酶洗衣粉对不同材质衣物上不同污渍的清洁效果。她用在学校学到的表格和"+""−"等符号记录观察到的现象，用折线图对观察结果进行了进一步分析，每一步都表现出她严谨认真的研究素养。最终，通过分析她发现 45℃是含酶洗衣粉清洁效果最好的温度。同时，她也产生了新的困惑：清洁效果似乎与污渍性质无关，但是与衣物材质有很大关系，为什么？

最后，从失败中获得全面成长。

把家务劳动变成科学实验的第三个任务是总结和反思。我们很多孩子是没有家务劳动的经验和教训的，因此，在居家项目学习中，孩子们得到了很多失败的教训，但在试错和反思中，他们也增长了生活经验和实验经验。

很多同学第一次制作姜撞奶都失败了，失败的原因大多数都是事先准备的姜的量不够。闫懿同学在实验后感慨：牛奶溢锅时大有"炸厨房"之感，实验后清理战场时刷了很多碗。闫懿同学最初把煮牛奶的时间作为变量，后来改成了更加科学的测量牛奶的温度。成思远同学则感慨：一定要频繁地测量牛奶的温度，否则牛奶升温很快，很容易错过自己想要的温度，这时她开始体会到实验中实时监测的意义。

周老师发布的这次任务还有一个意外收获：促进了亲子互动。赵禹莹同学的妈妈被迫吃了五杯失败的姜撞奶，但她很开心，因为她看到孩子通过实验知道了姜的价格比较贵，学会了使用电子秤，还能准确计算姜和奶的配比。赵禹莹还在实验中发现牛奶有假沸现象，并通过查资料找到了一边煮一边搅拌这一解决办法。看到孩子经历失败、体验期盼、感受焦灼，最后，赵禹莹妈妈和孩子一起收获了喜悦。可见，这次任务点燃了全家科学探究的捻儿。

在周帅老师指导孩子们制作姜撞奶、自制果酒、研究含酶洗衣粉的过程中，孩子们不断修改、完善实验方案，认真严谨地记录实验过程，分析实验结果。他们亲手制作的姜撞奶是一杯"高级"的姜撞奶，它的高级之处在于它不仅有食品的营养，而且有科学知识的营养，更高级之处在于其中包含了很多科学思维和逻辑建构的营养。孩子们小时候玩过家家，怎样才好玩呢？——当真。孩子们在完成任务的过程中越当真，他们就越会觉得好玩，任务的点捻儿效果就会越好。

用实践点捻儿

亲身体验过的知识最真切、最有趣、最难忘，因此，老师们努力尝试用实践点燃学生的真知之捻儿。

语文老师王琢和美术老师贾茹利用周末时间联合带领学生参观纪念老舍先生诞辰 120 周年的书画展"老舍名著《骆驼祥子》的形象解读"，现场聆听老舍、孙之僩等名家的后代讲述他们的创作经历。回来后，王琢老师带领学生通过绘画、写作等方式深入分析、解读"祥子人生的三起三落"。走出教室参观的过程使师生对老舍作品有了更深层次的理解。

王琢老师带领学生参观"老舍名著《骆驼祥子》的形象解读"书画展

孩子们在课堂上通过自己创作的漫画解读骆驼祥子三起三落的人生

杨越老师的课曾获得全国高中物理教学比赛二等奖，她把最新的仪器引入课堂，使带电粒子的运动轨迹清晰可见，抽象的微观世界顿时清晰明了地呈现在学生眼前。王慕涵老师把地理教学和学生感兴趣的世界杯足球赛联系起来。兰瑞君老师把地形图识别和潭柘寺选址联系起来。柏丽老师引导学生应用百度地图设计旅游路线。田淼老师为学生设计了系列家庭小实验，使化学学习变得轻松有趣。生物老师谷玺章带领学生探究"科学合理用药"。王晓捷老师改造了教材里的化学实验，使实验更便于观察，使实验结果更准确，获得了北京市化学实验教学比赛一等奖。

　　历史老师宿春娣带学生走进紫禁城，指导学生分工介绍紫禁城，把紫禁城里的一砖一瓦、人物逸事与教材里的历史知识建立联系。刘静老师带领学生搜集京韵京味儿，孩子们在细细品味老北京之后，语文课自然上得津津有味。李丹丽老师带领学生跟随北京市青少年科技俱乐部的专家走进山东聊城的东阿阿胶股份有限公司，把教材知识与生产实践联系起来。

用阅读点捻儿

　　王然林老师带领学生阅读法布尔的《昆虫记》。在整本书阅读过程中，学生向他反映阅读时遇到的困难：书里介绍了大量昆虫，昆虫的名字很容易忘；各章之间的联系不紧密；书里介绍的很多昆虫他们没见过，而且书里也没有配图；有很多专业术语，他们不容易理解，而且感到枯燥。针对孩子们的问题，王然林老师提供了走进法布尔的昆虫世界的三个小妙招：第一，一边阅读一边建立昆虫小档案，或者绘制思维导图；第二，把自己当作书中的昆虫，通过角色体验感知昆虫；第三，和同伴一起通过表演走进昆虫的内心。尝试了老师教给他们的小妙招之后，每个孩子都绘制了手抄报，老师把大家的手抄报集中贴在黑板上，主题为"法布尔眼中的它们"。到了一本书读完总结展示的时候，孩子们用老师教给他们的方法来展示他们的阅读过程：有的孩子和同伴们一起用戏剧演出法布尔笔下的蟋蟀；有的孩子用语言表达他阅读法布尔对蝴蝶的描述时的心理感受；有的孩子从书中摘取了触动自己内心的片段，读给大家听。在这节课上，语文课和生物课之间的界限淡化了，过去的法布尔与今天的学生之间的年代隔阂淡化了，人与昆虫之间的物种差异淡化了。淡化了这些隔阂、差异之后，孩子们走进了丰富多彩的昆虫世界，走进了悉心观察昆虫的伟大生物学家和文学家的思想世界，走进了更加丰盈、更加敏感的情感世界。

　　杜娟老师由教材里短短几行古文延展开去，引导学生走进《世说新语》，集中赏析了书中所有涉及"小儿"的篇章。学生既因作者所写人物与自己年龄相近而感到亲近，又深入体会了作者以小见大的精彩笔力。高瑞瑾老师设计的阅读笔记格式成为初中学生开展课外阅读的脚手架，学生顺着老师的格式台阶，一步步走进文学的殿堂。齐国荣老师带领学生阅读《古文观止》，学生用红黑双色笔记录的大量阅读笔记也令人叹为观止。齐国荣老师还带领她的徒弟孙慧君老师一起为学生的课外阅读编制了系统的检测评价资料。

毕业于北京外国语大学的英语硕士国文娇老师不仅把课文当作阅读的文本，而且把课文当作和学生用英文交流、让他们体会东西方文化差异的载体，她说："阅读能使学生体验更丰富、思想更深刻、认识更高远"。

4. 自主超前的愿望

　　李彩川老师班里的一个小姑娘李浩然是全区中考第一名，我邀请李浩然同学和她的妈妈到我的办公室坐一坐，一起聊聊天。孩子一脸阳光和自信，工科专业的妈妈基本没有说太多的话，只是安静地坐在女儿身边，偶尔做必要的补充。我问孩子："你觉得中考考得好的原因是什么？"她兴致盎然地向我描述了一个场景：她在班里有几个好朋友，他们几个比着学，他们的游戏就是"超过老师"，例如数学李颖老师讲到第一章，就有人做完了第三章的练习，马上就有人比那位同学还快，做到了第五章！通过孩子的描述，我知道她的班主任和各学科老师润物无声地培养着孩子们"自主超前的学习愿望和学习能力"。

　　英语教师高荣华、李海英、安建等带领学生自主阅读英文报纸，孩子们使用手机查单词，自主阅读国内外时事。杨在秀老师带领学生用

高荣华老师指导学生自主阅读英文报纸

手机练习英语听力，王朝红老师鼓励学生用百词斩等软件开展学习竞赛，孩子们兴致勃勃，很多孩子都提前背会了高中甚至大学的词汇。

英语教师李艳在课堂上让学生自主设计学生社团的海报，学生主动学习了很多关于社团的词汇。地理教师平俊彦在初三复习时，向学生提供空白的知识表格，学生在探索区域地理学习的规律时，不仅复习了初中知识，而且超前学习了初中区域地理中蕴含的高中地理知识。

李颖老师送走毕业生，又到初一当班主任，很快班里再次涌现出一批特别优秀的学生。初二第一学期结束时，我看到李老师在朋友圈晒了班里一个男生的寒假计划。这个孩子叫李智坤，在班里学习成绩很突出，看了他的计划，我们赞叹这个孩子很优秀，学习自主性强，他主动超前的学习远远超过了当前社会流行的"家长陪、社会补"。三年后，李智坤同学取得了全区第一名的成绩。

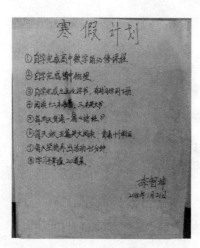

李智坤同学制订的寒假计划

5. 看到同伴的脸

　　我初次在清华大学听课时，面对老师的提问，心生胆怯，唯恐自己在学霸同学面前露怯。清华大学那间圆弧形研讨教室的座椅是可以 270 度旋转的，坐在第一排角落的我，在座椅旋转时无意间看到其他同学，忽然释然了，因为我看到大家也都没有胸有成竹之态。这使我意识到：在课堂上应该尽可能让学生看到同伴的脸，在生生交互中，展示每个学生的天赋与努力。因此，我们开始建设展示每个学生天赋和努力的课堂。

　　李颖老师要带领学生学习勾股定理。这些聪明的孩子在上中学之前就已经了解勾股定理了，这种情况下，教师怎样讲教材里的勾股定理才能吸引学生？李颖老师采取了让学生自我展示的方法。学生通过上网收集资料，了解世界各地人们对勾股定理的发现和证明过程，以及中国不同时期的数学家对勾股定理的诠释，记录下古今中外各种勾股定理的证明方法，也研究自己对勾股定理的证明方法。一位叫史鹏九的学生在上课前一天晚上在自己的练习纸上写了满满七页勾股定理的不同证明方法。

　　另一位学生查阅了欧洲各国勾股定理的不同名称和各自的证明方法。课堂上，有独到见解的学生跑到前面向大家介绍，小组之间展开讨论，互相讲解自己找到的证明方法。当某组找到了最简单的证明方法之后，其他组的同学都跑过去向他们组请教。还有一些同学把自己找到的勾股定理的证明方法画在黑板上。一节课里老师讲的话很少，学生说的话却很多，老师和学生之间的对话很少，学生与学生之间的对话却很多。相比过去老师讲学生听、老师问学生答的教学模式而言，这一节课全班 40 个学生之间形成了很多无形的信息流。原来课堂上教师一人面向 40 人的单向信息流，变成了 40 人之间的网状信息流。实现了多维度、高覆盖的网状信息流之后，更多孩子的天赋和努力都能得到展现。

史鹏九同学预习时写了七页纸的勾股定理证明方法

李颖老师的数学课上学生热烈讨论勾股定理的不同证明方法

　　除了学习课本上的英语文章，杨海燕老师还带领学生进行课外英文读物的整本书阅读。在分享课上，大家不仅展示单词、句型和语法，还能够用英语分析书中人物的情感变化，用戏剧展示书中描述的重要情节和人物感情。

6. 为未来而学

　　未来人才应该是什么样的？怎样培养未来人才？我和老师们一起阅读了几本书。通过《第五项修炼》，我们再一次明确了愿景的价值。阅读《大数据时代》的时候，我们发现汽车制造等行业早已经把大数据应用于生产实践。也就是说，当我们读到《大数据时代》这本书的时候，我们已经落后于大数据时代了。后来，我们又一起读了《为未知而教，为未来而学》。在建设未来学校的过程中，我们越是思考，越是感到紧迫。未来已经不是高瞻远瞩的远方，而是迫在眉睫的当下，未来已来。于是，我们提出"建设未来课堂"的倡议。

　　我们开展了全校大讨论，在讨论过程中达成了一些共识。未来人类和机器将会重新分工，当机器能够完成很多工作时，人应该承担什么任务？人与机器的不同在于人有情感、有创意，所以我们要培养有情感、有创意的人才。未来技术使用将非常普遍，所以人要有很好的技术素养，善于学习技术和应用技术，当技术无处不在的时候，人应该主动应用技术拓展自己的视野和生活时空。总之，如果用三个词来概括我们对于未来的预见，这三个词就是"情感、创意、技术"，我们希望用这三个词来支撑未来人才培养的目标。

　　在未来社会，泛在学习会逐步实现。所有人在所有时间、所有地点、所有领域都可以学习，我们将身处时时可学、处处可学、人人愿学的学习型社会。经过讨论，我们号召大家尝试在课堂上让学生把网络当作学习工具，探索"为未来而学"的"未来课堂"。我们决定利用暑假组织全校教师每人录制一节"未来课堂"片段课。片段课要符合三个条件：第一，要利用现代技术；第二，要让半数以上的学生实现自主学习；第三，要坚持山谷课堂特色。

放假前，各学科组都展开了充分的教研，在暑假录课期间，老师们创造了一节又一节好课。例如，语文教师庄妍带领学生下载了古诗词软件"古诗飞花榜"。庄老师启发学生自主探究："《红楼梦》里有潇湘馆。'潇湘'在古代诗词中是一个典型的意象，它在古人心目中有什么样的含义？"学生在"古诗飞花榜"上搜索出大量带有"潇湘"的古诗词，琢磨品味其中"潇湘"的多样含义。通过比较分析，学生认识到："潇湘"最初是指湖南最重要的水系湘江，潇水是湘江最大的支流，后被诗人们衍化为地域名称，泛指今天的湖南。如今，湖南对于我们来说并不遥远，但在过去，它却是一个偏远荒凉的地方。再如，庄妍老师启发学生探讨：我们的家乡门头沟过去属于幽州。"幽州"在古诗词里是什么含义？学生在"古诗飞花榜"中搜索，就可以看到很多带有"幽州"的诗词，进而品味"幽州"在古人心中的含义。学会了这种方法，学生用"古诗飞花榜"可以进一步搜索他们感兴趣的古诗词里常见的词汇，了解其共有意象。这样，孩子们学的古诗词不再是死记硬背的古诗词，不再是教材里限定的古诗词，也不再是老师指定的古诗词，而是跟随着自己的兴趣学习、探索、感受的古诗词。

数学教师也有很多创意。韩玮老师带着学生用相关软件探索具体的数学问题：在我们的学校运动会上有学生集市，学生卖奶茶的摊位怎样才能够获得最大利润？学生通过相关软件生成模拟函数，来分析自己的奶茶摊怎样能够获得最大收益。武春波老师针对门头沟区林区覆盖率大、森林火灾风险大的实际情况，引导学生借助计算机构建数学模型，研究森林防火问题。姜书丽老师取材于学校旁边的五环路、六环路，引导学生用数学建模的方法探究环路的布局。政治学科的石秀娟老师引导学生在网络上查询即时股票信息，探讨"一支成功跨界的股票——京西旅游"。闻海东老师带领学生记录家庭收入和支出，用相关软件快速推导恩格尔系数。在这个假期里大家创造并录制了一节又一节好课，我们一起回看的时候，都隐约看到了未来的样子，未来已来。

微课录制前的准备

微课录制

几年来，我们利用暑假组织全体老师录制了四次微课，主题分别是"山谷课堂""点捻儿课堂""未来课堂""文献课堂"，每一次都请专业的摄像师帮助我们录制。老师们精心准备课例，教研组长组织大家共同研讨，特级教师审核把关，青年教师为大家化妆，教学处编排录制顺序，后勤处安排录制场地和食宿。第一次录制时，我们要求大家每人准备一节时长 8 分钟的微课，但是当天晚上大家集体回看录像时，我们感到教学真是一门很专业的技术，能把 5 分钟的微课上好都很不容易，需要字斟句酌地精心打磨。我们更深切地感受到，当我们在教室里讲课时，即使无趣，学生也得硬着头皮听下去，但是当我们在电脑屏幕里讲课时，听众随时都能关闭视频，要想让听众坚持听下去，每一句话都要"抓人"，每分钟都要吸引人。

我们利用暑假录制了数百节精雕细琢的微课，放到网络上就成了人人可学、随时可学、处处可学，可以无限次重复使用的教学资源。每次录制过程中都会有一些难忘的镜头印刻在我的心里：刚参加工作的孙慧君老师，连续很多天都安静地坐在录课室的角落里，认真聆听了语文学科所有前辈的微课；每一次录制微课时，教学副校长贺启谋都坚持全程陪伴，陪着所有学科教师完成录制；我们还邀请王平中学等山区学校的老师也来参加录制，大家互相切磋；录制期间的每个夜晚，各学科的老师都挑灯夜战，反复演练修改。

暑假集中录制"未来课堂"微课时，师生共同探讨如何把网络变成学习工具

7. 细诊断，巧治疗

协和医学院的张孝骞医生是我国著名的医学家，他治病的本领出神入化。一位老太太因为头痛在别的医院住院三个月病情没有好转，到了张医生那里，张医生请老太太脱掉鞋袜，看了看之后说："您每天晚上用热水洗脚，洗一段时间就好了。"果然，老太太的病不治而愈。张医生高超的医术来源于他青年时期对病人的详细诊断，即使是一个小感冒，他也会对病人进行全身检查，由此积累了大量病案。医术精进后，他坚持带领各科医生进行大查房，开展全科会诊。

医生为病人诊断身体，教师为学生诊断思维。我请教物理老师宋诗卿："您是怎样帮助詹涛同学考上清华大学的？"宋老师回答说："高三时，他的物理电学大题总是出错，我就每天给他单独准备一道电学题，连续训练一段时间后，他告诉我电学没问题了，我们才停下来。"我请教语文老师王秀利："您是怎样帮助姜添元考入清华大学的？"王老师回答说："高三时，他的作文存在结尾内容空洞的问题，我就专门帮助他修改每一篇作文的结尾。"再如，数学学科曹有丽老师对考入清华大学工科实验班的张智同学的数学学习水平有非常精准的判断：高三第一学期，曹老师告诉我张智的数学能考 140 分以上（满分 150 分），经过专门辅导后，第二学期曹老师告诉我张智的数学提高了，能考 145 分了。最终，张智同学在高考中数学考了 146 分。英语特级教师王桂英的阅读教学，英语老师尚俊梅、金艳的作文教学，语文老师王海虹的现代文阅读教学，都是根据学生学情精心设计教学方案。听他们的课，能感觉到学生无论原有基础如何，都能紧跟老师"小步快走"，步骤鲜明、步伐扎实地实现学习目标。可见，诊断越精确，"治疗"效果越好。教师的精心诊断帮助学生提高了成绩，学生成绩的提高证明了教师的教学方法有效，提高了教师继续深入开展教学研究的信心和热情，这就是教学相长，如同山谷相生，有山才有谷，有谷才有山，学生的问题是宝贵的教育资源。

年级组长索玲率先带领各学科老师共同为学生做全科会诊。考试之后，各学科老师与学生逐个见面，同一个学生在各学科学习中具有不同的优势，也存在不同的问题，全科会诊更有利于综合分析，更加科学有效地指导学生合理分配时间，综合统筹各科的复习。更有意思的是，全科会诊会对师生心理产生积极影响。当各学科老师围坐在一起与学生共同诊断学习问题时，几乎每个学生都感到自己备受关注，信心也得到鼓舞。教师在全科诊断过程中可能发现自己学科的薄弱生却是其他学科的优秀生，从而会对学生产生更好的理解和信任。例如，王云霞老师对一名学生说："你的数学那么好，说明你很擅长逻辑思维，你可以尝试用分析词根、词缀的方法扩大英语词汇量。"渐渐地，教师进一步深入到生涯方向的引导上：你想上哪一

所大学？你想学什么专业？未来想从事什么工作？这种引导使诊断不再局限于学习层面，而是将话题扩大到更加高远的未来。各科教师的共同诊断提升了学生的综合能力，对学生进行综合分析的过程也是各科教师互相学习的过程。

索玲老师利用晚自习时间为学生做数学学习诊断

各学科教师共同为学生进行学业诊断

　　山谷相生在大峪中学象征着教学相长的教育方式，是山谷教育的基本教育方法。正如我们在门头沟沿河城地区看到的地质地貌现象：在河流侵蚀的作用下，河谷深深下切，谷的幽深凸显了山的伟岸；在地壳抬升的作用下，大山高高耸立，山的巍峨更显谷的深邃。学生的深入探究促进了教师的迅速成长，教师的广博学识激发了学生的刻苦钻研，此谓山谷相生。

8. 青山出璞玉，谷中琢大器

　　我曾向北京教育考试院臧铁军副院长请教："怎样帮助学生考上名校呢?"臧院长和蔼地回答我："一个特别优秀的孩子就像一幅名画，它是高明的画家一笔一笔描绘出来的。一幅赝品，我们很难说它的哪一笔画错了，也许每一笔都很像，但是从整体看，它仍然只是一幅赝品。因此，名画是优秀画家用精彩的每一笔汇聚而成的。"听后，我暗暗决心带领老师们画好教育的"每一笔"。

炫酷班主任——王建堂老师

　　高三（1）班的高考成绩十分突出：几乎全班学生都考上了知名大学，李凌晨获得全区理科第一名，姚宇鹏获得全区英语单科第一名，范浩林获得北京市优秀学生称号（全市仅十名）。三个学生分别通过了北京大学、清华大学自主招生的初试和复试。更多学生在自主招生中受到北京理工大学、华北电力大学等大学的认可，有的学生可享受 20 分的降分待遇，有的学生甚至得到了学校的承诺，只要过重点线即可被录取。

　　高三（1）班的班主任王建堂是学生口中的"炫酷堂叔"。

　　学生在黑板上给他画像，他立即开心地与画像合影。

　　他要求学生理发，自己先理了个标准版的发型，然后亲自动手给全班男

王建堂老师与学生给他画的素描像合影

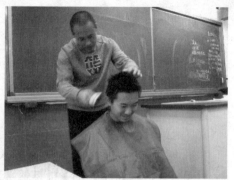

王建堂老师给男生理发

生理了统一的发型。

　　他喜欢通过体育运动为学生注入能量。学习倦怠了，他就组织学生到操场上，和学生一起跑接力、打篮球、玩定向越野、赛平板支撑。他喜欢寓教育于游戏，在生涯规划课上，他带学生玩蚂蚁过河，教学生合作共赢；在篝火晚会上，他教导学生传承理想信念。

　　在全国数学教学研讨会上讲授公开课时，他把课堂交给学生，让学生在课堂上充分琢磨、切磋、展示。高三复习课上，他也鼓励学生寻找更多解题方法，把数学课堂变成了"数学派对"。

　　最让学生难忘的是，他在班里办公，几乎天天在教室里做试卷，特别认真，一道题用各种方法求解，比学生还用功。他的行为触动了学生，学生也更加努力了。他的学生李凌晨毕业后整理试卷时，发现"堂叔"在他的130多张试卷上都做了密密麻麻的批注。李凌晨说："那一刻，我特别感动……"

　　最近，"堂叔"玩起了新花样。他在自己家里架起一面黑板，把作业里的难题录制成抖音作品放到网上。学生感叹道："只要有问题，'堂叔'一定在；只要'堂叔'讲，我一定能听懂。"

　　学生毕业后对王建堂老师的评语是：严酷的外表下有一颗宽容理解的心，有独特的让学生喜欢的工作方法和育人方法。

棒棒糖班主任——杜春兰老师

杜春兰老师也是深受学生喜爱的一位班主任老师。她的信念是"一个都不能少"。高考成绩出来后，杜老师在高三教师的QQ群里发布了这样一条消息："高三（4）班的老师们，你们辛苦了！我刚刚查过分数，咱们把所有的孩子都送进大学了，在此代表全班同学谢谢你们！"这样一条普普通通的消息，反映了大峪中学的老师三年来给学生的温暖陪伴和无私哺育。

提起自己远远超过重点线的高考成绩，姚晟榕同学非常动情，她说自己高一时成绩很不好，如果不是杜老师一直鼓励她，她一定不会有今天的成绩。就连在假期里，杜老师还通过QQ留言时刻关心着她，叮嘱她："晟榕，你一定要向你前面的同学看齐，参照物在前面，不要向后看。"

亲如妈妈的杜春兰老师和学生在一起

陪伴是杜老师的工作姿态。晚自习后，她常去女生宿舍转一圈，和学生聊聊天、交交心；每周她都会寻找适当的机会，利用合适的话题对学生进行一次激励；他们班的QQ签名是"最强四班"；给优胜小组买棒棒糖作为奖励，这既是心理暗示，也是紧张的学习生活中的一种放松；自费给学生买水果吃，几乎成了杜老师晚自习进班的规定动作。

临上高三前，杜老师带全班学生去永定河边烧烤，让大家在欢乐中迎接高三。高三一模考试后，杜老师又带全班学生去了一趟定都阁，选的是一条最难走的路。总结这次爬山的收获，姚晟榕同学说："老师是想告诉我们：首先，登高才能望远；其次，要互相扶助，互相鼓励；最后，要能吃苦。坚持就一定会有收获，正是我的坚持让我看到了美丽的风景。这对我们的学习和生活都产生了很大的影响。"

"能遇到杜老师，绝对是我们一生的幸运。"这是全班同学的心声。这是一个所有人都很拼的班，姚晟榕说自己绝对不是班里学到最晚的那个，很多同学基本上都是一两点才睡觉，所有同学都买了能放在床上的小桌子，晚上开着台灯在床上做题，有时候她半夜醒来，还能看到宿舍一些房间亮着灯。这样的班风背后，必定有一个慈爱而伟大的"母亲"做他们的精神支柱。

毕业时，学生都不愿意离开杜老师。拍毕业照时，姚晟榕过去拥抱杜老师，泪水止不住往下流。杜老师说："你别哭，我正忍着不哭，就是怕你们

杜春兰老师带领学生登上定都阁

哭。"正像杜老师送给学生的棒棒糖一样，她奉献的永远是甜蜜和鼓励！

陪伴是最长情的告白

　　生物老师张艳霞说："陪伴是最长情的告白，虽然我不是班主任，作为任课老师，我也天天坚持早上早点来，进教室陪陪学生，晚上晚些走，和学生说说话，为他们答答疑。只要老师愿意多花时间陪着孩子们，孩子们心里就会踏实，就能考得更好。""大山谷学校"的老师们坐拥山谷，用心发现每个孩子的天赋才华，并潜心雕琢，即"青山出璞玉，谷中琢大器"。

　　在我们的"大山谷学校"里，很多教师都珍爱"璞玉"，潜心雕琢。邵来红老师在学校摔了一跤，肋骨骨裂了，医生建议她休息，但是在学生运动会上，邵老师仍然出现在操场上，用相机为孩子们记录每一个精彩的瞬间。李杨老师脚骨折了，她家距离学校很远，但是她让丈夫每天把自己送到教室，没有耽误一节课。李海燕、荆军等班主任老师每个清晨都和学生一起在琅琅读书声中开启新的一天。王海虹、武春波、赵丽萍等老师每个晚自习都耐心细致地为学生答疑解惑。杨士东、张丽、王波等老师每个夜晚都关注着住校学生的生活、学习。

让孩子们在最好的年龄遇到最好的我

　　数学老师曹有丽在她的学生考入清华大学工科实验班后坦言："好老师没有捷径可走，我提高教学效果的唯一方法就是'燃烧我，照亮他'。怎样提高学生的学习效率？我的办法是'替学生跳入题海'。我通过自我成长，让孩子们在最好的年龄遇到最好的我。"当学生在高考中物理取得满分时，物理老师杨明总结的经验是，和学生一起做题，在共同探讨中帮助学生真正弄明白概念和规律。当学生高考数学取得149分的好成绩时，张晓峰老师总结的经验是，先引导学生喜欢数学，再让学生体会到数学学习的成就感，最后是和学生共同追求透彻灵活地理解数学的境界。在学生的高考平均分超过城区名校时，吕明月老师只是举重若轻地谈了一个小方法："每个学生的每次作业，我至少批改三遍，而且是面批面改。"李秀梅老师说："发自内心地爱他，带他吃得好、玩得好、学得好，而不是简单地告诉他'你应该有一个好心态'。"英语老师毛琪在学生考入北大、北航等名校后，仍然谨慎地思考："虽然我年龄大了，性格也比较内向，但是我要努力突破自己的个性，积极与学生做朋友，通过鼓励学生，帮助学生弥补短板，让学生在融洽的氛围中发展天性。"

第六章 │ 我来自"大山谷学校"

有一次北京市教委组织专家来大峪中学进行办学情况调研，其中一个内容是随机抽取部分学生到会议室参加座谈。为了增强可信度，专家们要求本校干部、教师回避。座谈结束后，我刚走进会议室，所有的专家都向我投来欣赏和羡慕的目光。他们对我说："如果你在现场，你会为你的孩子们而感动！"原来，在座谈会上，他们问孩子们："你们羡慕进城读书的孩子吗？"孩子们纷纷回答："不羡慕，因为他们有的，我们都有，但是我们有的，他们不一定有。"孩子们还兴奋地向来宾介绍了我们独具特色而且丰富多彩的山谷活动。

　　随着办学情况的逐渐好转，远郊区教育的自信心逐渐回归。高考后，很多家长和学生说："我们比进城读书的孩子考得更好！"参加北京市金鹏科技论坛的学生说："我来自'大山谷学校'，我研究的课题是'通过研究玉米矮秆基因提高玉米产量'。"参加全国教学大赛的老师说："我来自'大山谷学校'，我和学生一起走进陈家庄，研究永定河的'返老还童'现象。"高考成绩大幅提升，科技竞赛获得国际金奖，教学比赛获得全国特等奖……一项项成果浇铸出山谷教育的光荣与自信！

1. 为母校而骄傲

大峪中学是京西第一所中学，是北京市首批市级重点中学，是北京市市级示范校。2016 年，大峪中学迎来了 70 周年校庆。要怎样庆祝？我们有一个共识：我们不打算把校庆做成像给老太太祝寿一样的庆典活动，我们的校庆不是给别人看的，我们的校庆是邀请所有校友回到母校回望青春的活动，是调动所有在校师生共同体会校史、感受"校史育人"的活动。总之，我们希望通过挖掘校史，使所有在校生和所有校友为母校而骄傲，使门头沟区的老百姓通过了解我们的校史而更加信任、珍惜大峪中学。

别样校庆

我们希望校庆是人人参与的活动，所有校友一起回望青春，所有在校师生共同憧憬未来。我们希望通过校友回到母校回望青春，感染在校师生，从而使这种自然而然的情感成为传承学校文化的力量。基于这些主旨，我们把校庆设计成了三个阶段的活动，即国际山地徒步大会、国家大剧院合唱专场、校友运动会。

第一项活动是号召全校师生和校友一起参加体育局组织的国际山地徒步大会。这场徒步大会就在门头沟区的山谷中举行，途经重视文化传统的举人村和记录区域经济变迁的京西古道。全校师生、校友和游人一起在入山口观

在校生在这里憧憬未来

看学生舞蹈、民乐、啦啦操和纸模服装秀的表演。出发后，大家一起徜徉于山谷之中。在郁郁葱葱的山谷中，我们高声问孩子们："我们学校的行为准则是——"山谷中回荡着孩子们青春洋溢的声音："乐山乐水乐自然，敬人敬事敬学问！"蜿蜒的师生队伍勾勒出山谷教育的最美画卷。

第二项活动是学校金帆合唱团在国家大剧院举办专场演出。专场演出中有两首原创歌曲引起全场观众的共鸣。一首是《大峪中学校歌》，这首校歌由老校长刘鸿韬作曲、老教师张万宁作词，在大峪中学历经多届师生传唱。在国家大剧院金碧辉煌的专业演唱厅里，历任校长和全校师生、家长代表、校友代表共同高唱校歌："告别了金色的童年，奏响了青春的乐章，带着未来的憧憬，步入这科学的殿堂。峪中啊，你书声琅琅、歌声嘹亮、群星灿烂、百花竞放。我们是新时代的主人，崇尚科学，践行理想，开创未来，扬帆远航。"热情欢快的曲调具有持久的影响力，瞬间把历届校友带到了对青春年华的回忆中。2018 年，大峪中学对原坡头中学进行装修改造之后，启用新校区。师生搬入新校区之前也齐唱了这首校歌，主管教育的副区长庆兆珅不由自主地跟着孩子们一起唱起来，这位负责全区教育工作的领导瞬间又变回了当年大峪中学的学生会主席。

另一首引起强烈共鸣的歌曲是语文特级教师郝全智作词的《山谷》之歌。"青山耸翠峰，古道真悠长，山谷书院书声朗；朴质是本色，方正美名扬，山谷书院书声朗。京西人文盛，永定河水长，山谷书院写华章；灵动是气质，清澈我胸膛，山谷书院写华章。"在优美的旋律中，同学们用清澈的声音描绘出学校的校风校貌以及师生在山谷书院"成人、成物、成己"的生动景象。

第三项活动是校友运动会。校友运动会是 70 周年校庆系列活动中规模最大的活动。无论哪个年代都有学校运动会，所有的校友们都参加过学校运动会，而且大多数校友都有参加运动会入场式走队列的回忆，因此，我们把校友运动会入场式作为帮助校友回顾青春、重返青春的重要仪式。

毕业生在这里回望青春

　　在校友运动会召开那一天，校友们都兴高采烈地回到母校。他们有的是行政领导，有的是学术专家，有的在平凡的岗位上认真工作，享受着平凡幸福的人生。我们对校友说："无论您已经拥有了多大成就，今天，您要回到14岁或16岁，要像当年一样，在班主任老师的组织下，走上操场跑道，参加入场式队列表演。"校友们十分开心。不同年代在大峪中学就读的校友穿上了不同颜色的T恤。五六十年代的校友穿上象征红色传统的红色T恤，演绎大峪中学作为京西第一所中学的创办历史，我们称这个时期为"红色大山谷时期"。七八十年代的校友穿上象征科技兴邦的蓝色T恤，重现大峪中学成为北京市首批市级重点中学的历程，我们称这个时期为"蓝色大山谷时期"。九十年代及以后的校友穿上象征人文和谐的绿色T恤，再现大峪中学被评为门头沟区唯一的市级示范校的过程，我们称这个时期为"绿色大山谷时期"。校友们分别按照T恤的颜色进入象征学校发展的三个历史阶段的

"红色大山谷"时期的校友队列

队列中，和在校生一起通过队列表演依次回顾"红色大山谷时期""蓝色大山谷时期""绿色大山谷时期"的学校发展历史，并用校史浸润、影响、教育所有在校师生。

　　校友运动会的主题活动结束后，大家开始自由活动，或者去参加班级座谈会，或者去参加运动项目比赛，或者自由参观……在自由参观的路线中，有一块区域引起了校友们的注意，那就是"食味记"。在设计校庆活动的时候，新疆内高班主任王蕾出了个主意："我们学校住宿生特别多，历届山区住宿生都在学校食堂吃饭，他们对学校食堂一定有特殊的感情，所以我们可以访谈校友，问问他们在学校住宿的时候最爱吃什么菜，然后我们请当年的食堂师傅

回来，把校友们当年最爱吃的菜再做一遍，校友们可以按照当年的菜价回味青春食堂的味道。当年五分钱的菜就用五分钱买，当年一毛钱的菜就用一毛钱买，我们准备一些零钱供校友们兑换。"

大家都觉得这是一个好创意。于是，物理老师王玉开始给所有能够联系到的校友打电话，一个个询问："您当年最爱吃食堂里的什么菜？"年纪大一些的校友说："当年我爱吃食堂里免费提供的白菜汤和米汤，因为那个时候农村家庭的孩子生活特别困难，吃不起饭，免费的菜汤和米汤陪伴了我。"年轻一点的校友说："我爱吃咱们学校食堂的狮子头，狮子头有淀粉、有肉、有土豆。"更年轻的校友说："我最爱吃食堂卖的烧饼夹香肠。"

于是，我们把当年做狮子头的师傅请了回来。他前一天晚上回到学校，连夜为大家做狮子头。他凭着记忆按照当年的配方来做。第二天，校友们一起品尝，我们问："感觉怎么样？"他们说："还是不太一样。师傅现在做的狮子头和当年做的相比，肉多了，当年的狮子头里土豆更多些。"祖国改革开放后的经济发展由此可见一斑。

我们还把当年收饭票的师傅也接了回来，还请他收饭费。收饭票的老师傅年龄大了，腿不好，而今只能坐着收大家的钱了。大家五分钱、一毛钱地交给他，体会小时候在食堂打饭的感觉。"食味记"的摊位前校友们挤得水泄不通。这个要白菜汤，那个要狮子头，这个要馒头，那个要烧饼夹香肠……大峪中学校友们最难忘的菜品的变迁，大则表现出祖国几十年改革开放的成果，中则表现出门头沟区及大峪中学几十年来的发展，小则表现出每一位校友几十年来个人生活的改善。校友们打包带走的不仅是狮

峪中味道

子头和白菜汤，更是青春记忆。

如此，我们通过别样的校庆唤醒了别样的青春。倘若校园不能成为青春洋溢的舞台，那么这个校园必定是枯燥的、无趣的，无法令人热爱。

煤矿赤子的《父老乡亲》

"胡子里长满故事，憨笑中埋着乡音"，这是《父老乡亲》的歌词，它出自大峪中学校友、著名军旅词作家石顺义笔下。这首歌曾获新中国成立以来优秀歌曲奖及改革开放 20 年优秀歌曲奖。彭丽媛女士多次演唱石顺义的作品，如《父老乡亲》《白发亲娘》《我的士兵兄弟》等。

石顺义来自门头沟区煤矿工人家庭，他的中学阶段是在大峪中学度过的。他毕业于北京建筑学校，后应征入伍，八年的基层部队生活是在地地道道的农村度过的。艰苦的生活铸造了他朴质的性格特征，也让他形成了朴素真挚的文风。《说句心里话》《一二三四歌》《兵哥哥》《想家的时候》等作品都映射着石顺义的人生价值观。

石杰副书记带领师生拜访校友石顺义

我们学校的石杰副书记带领师生去拜访校友石顺义，回来后，老师们兴奋地说，大峪中学学生的共同特质的确是"朴质方正、灵动清澈"，石顺义先生就是这样的人，他是非常好的生涯榜样！

大峪中学毕业生的人生轨迹也都与祖国的命运息息相关。

新中国成立后，为了响应国家号召，很多毕业生投笔从戎，走上军旅生涯：一位校友在部队救火时为了保护国家财产牺牲了；一位校友在西藏戍守边疆，退役后成为甘肃铁路局局长；一位校友转业后成为南京气象局局长……

"文化大革命"结束后，国家提出多出人才、快出人才、出好人才，大峪中学成为北京市第一批市级重点中学，每年向清华、北大等名校输送优秀毕业生。他们潜心治学，实心实意地做事情，为祖国和人民做贡献。已经退休的校友刘庆龙回忆自己从大峪中学考上清华大学的经历，反复叮咛在校师生："一定要严格要求，严谨治学！"

清华大学党委书记陈旭老师也曾经在大峪中学就读，她鼓励她的学生杨璞来门头沟区发展事业，并对担任中关村科技园书记的杨璞谈起自己在门头沟区美好的学习生活。陈旭老师当选为党的十九大代表和中央委员会候补委员时，我们全体师生都引以为傲。

2018年3月22日，美国公布了对中国的"301调查"结论及制裁措施，引起我国民众的强烈不满。一位退休教师发回来一篇新闻报道《中国驻WTO代表：美国对华301调查有违世贸组织规定》，报道中的中国常驻世界贸易组织代表张向晨是1984年从大峪中学考入北京大学法学院的校友。张向晨校友在中学时代就有非常强的学习能力和组织能力，担任班长，参加工作之后，他更是表现出色，为此，2017年4月8日，中华人民共和国主席习近平根据全国人民代表大会常务委员会的决定，任命张向晨为中华人民共和国常驻世界贸易组织代表、特命全权大使，兼常驻联合国日内瓦办事处和瑞士其他国际组织副代表。

在校庆行进队伍中有一支特殊的队伍，穿着绿色T恤，这是回母校任教的高师预备班的学生。当年，老校长王德聪针对门头沟区身处远郊区优秀师资不足的情况，向区教委及市教委申请，创办了"高师预备班"。在时任教育部长李铁映同志的亲自过问下，大峪中学招收并培养了一批定向师范生。学生们在师范大学毕业后纷纷回家乡任教。如今，这些高师预备班毕业生都已成长为大峪中学乃至门头沟区的骨干教师或特级教师，成为大峪中学师资队伍中不可或缺的中坚力量。

这些孩子大多来自农村，当年的高师预备班政策帮助他们把农村户口转成了城市户口。他们热爱母校、热爱家乡、品学兼优、信念笃定。这些孩子身上都有朴质方正、灵动清澈的山谷学子的特殊气质。在高师预备班，学校对学生进行教师职业生涯教育，带领他们开展各种各样的活动，培养他们各种各样的素质。经过三年高中学习，他们考入北京师范大学或者首都师范大学。本科毕业之后，他们纷纷回到门头沟区，回到母校，开始他们的教师生涯。这些高师预备班毕业生从小就是品学兼优的孩子，从小就确立了做教师的职业理想，而且从小就确立了回家乡从教、报效家乡的理想。因此，他们回到母校之后都扎扎实实地开展工作，认认真真地从事他们所热爱的教育事业。如今他们都已经是三四十岁的骨干教师了，成为大峪中学师资队伍中稳

回母校任教的高师预备班毕业生

定、坚强的生力军。校友运动会上,他们单独组成了一支队伍,一起走过主席台。他们自己制作队列标语,内容就是当年他们在新桥路校区读书时实验楼上的几个大字——"团结勤奋,求是创新",这也是当年他们每周升旗时集体高呼的口号。当高师预备班队伍走向主席台时,面对当年的老校长,他们手捂胸口,再一次高呼这个口号,热泪盈眶。主席台上的王德聪老校长看到他们也非常激动,站起来指着他们说:"对,就是他们!这是宋德静,这是王蕾,就是这些孩子们!"台上台下情感流动,像当年他们读高中时那样!入场式结束后,这些"高师预备班"教师站在70周年校庆纪念墙前合影。这张照片使所有人感动于当年老校长的决策,感动于他们当年的努力学习和后来的努力工作。

校友运动会最后一个环节是校友们每三人一组向母校汇报。"我们一家三代都是峪中毕业生""我们一家三口都是峪中毕业生""我们兄弟三人都是峪中毕业生""我们三个都从事教育事业""我们三个都从事公共管理事业""我们三个都从事艺术事业""我们三个都从事司法事业"……校友们三人组合的汇报形式也激励着在校生,孩子们憧憬着长大后也能像他们一样向母校汇报。

大峪中学一代代学生就是这样,在艰苦的环境里严谨刻苦地求学、脚踏实地地工作,最终飞向全国各地,甚至世界各地,成长为对社会、对人民有用的人。他们像大山一样朴质方正,像大河一样灵动清澈!

退休教师的红丝带

我们举办退休教师座谈会时,七十多岁的汪维澄老师胸前挂着老年证,特意给我看那条红色挂绳上的白字"全国自制教具大赛"。汪维澄老师告诉我,这是他当年参加全国自制教具大赛获一等奖时参会代表证上的红带子,学校物理实验室里应该还有很多当年物理老师们亲手制作的教具……七十多岁的汪老师还珍藏着三十岁时参加教学大赛的纪念品,这根红挂绳告诉我

退休教师戴着当年参加全国物理教具
设计大赛的纪念品来参加校庆

们：专业成就是教师的毕生荣光。

老教师们说，他们在新中国成立后和"文化大革命"后，都曾有过积极的教学研究探索。教学主任提出"静、专、钻"，学校的教室里、走廊里到处都贴着这三个字。新中国成立后，老师们共同研究"红领巾教学法"，"文化大革命"后，学校提出"多学科整体教学改革"和"单元整体教学法"，培养学生的综合思维和多元思考能力，大大提高了学生的学习效率。1984 年，大峪中学两个班的学生参加高考，7 名学生考进清华大学，4 名学生考入北京大学，他们的数学老师朱大鹏老师成为大峪中学第一位特级教师。物理特级教师张兆生曾用英文撰写《科氏力导致哺乳动物左右不对称发展的假说》，发表在《中国生物医学工程学报》（英文版）上，并获得国际大奖。

通过大峪中学历届教师的讲述，我们深切地感受到这座"大山谷学校"一直拥有"厚重如山、虚怀若谷"的教风。

大峪中学作为远郊区学校，补充优秀师资是个持久命题。"文化大革命"期间，一批文化基础好的教师由于出身不好被分配到郊区学校，有力充实了师资队伍。90 年代，学校创办高师预备班，选拔一批优秀农村学生转户口、上高中、学师范，这些定向培养的学生大学毕业后回家乡、回母校，成为今天学校教师队伍的中坚力量。进入新世纪，门头沟区利用优越的入职条件招聘了一批批外地大学生、硕士生，当年分配了住房的外地大学毕业生们如今大多数已经成长为特级教师了。近年来，门头沟区教委几次强力引进外省市人才，一批批具有丰富教育经验的省级骨干、特级教师进入大峪中学，分别在副校长、部门主任、年级组长、教研组长等重要岗位发挥着核心骨干作用。

各具风格的老校长们

我到大峪中学之后做的第一件事就是去拜访历任老校长。刘鸿韬校长是一位音乐老师，他亲切而慈爱，耐心地向我介绍历任校长，掰着手指头帮我数我是第几任。虽然年龄大了，但是他身上的文人气息和教育浪漫情怀依旧悠然地散发出来。他曾经撰写了大峪中学的校歌，校歌的歌词似乎都是我想说的话："峪中啊峪中，你书声琅琅，歌声嘹亮，群星灿烂，百花竞放！"后来，我们在学校的景观塔上悬挂了十个金色大字——"发展每个人的天赋才华"。70周年校庆时，学校的金帆合唱团在国家大剧院举办专场演出"唱响山谷·山谷畅想"，孩子们再次唱起老校歌，刘鸿韬老校长也再次登台。

王德聪校长为了接待我，特意从山里的斋堂老宅回到城区。大家都说王校长是一位洒脱大气的校长，司机闫润志说他对每一位临时工都很关心，教师杨勇说他和老师们一起打球时风趣幽默，副校长贺启谋说当年人才引进时他用一支烟拉近了他们之间的距离。我第一眼见到王校长时，却产生了些许畏惧，他健壮的身材和晒得有些黑红的面庞都彰显着他的硬汉风格，我在心里暗暗地想：在这所大学校里，的确得有一些威严。校庆后，王校长给我发了一则长长的鼓励短信，开篇就是"我已经很久没有这么激动过了……"。王校长就是这样一位个性鲜明的远郊区示范校的老校长，这是他的人格魅力所在。拥有如此人格特征的校长在办学中会非常关注人，因此，王德聪校长提出的"以人为本、以德治校，一切为了孩子的健康和谐发展"深刻地影响了大峪中学的师生。

刘景敏校长是我的前任校长，大约比我年长十岁。我过去在京源学校工作时就见过刘校长，当时刘校长亲自送一名学生参加"翱翔计划"活动。我们也曾一起参加校长培训，在外出培训的过程中，刘校长话不多，但是联欢时，刘校长一段戏曲唱段技惊四座。我到大峪中学后，感受到了刘校长的认真严谨，学校里处处井井有条，这源于日常的学校管理和制度建设。同样是女校长，同样是大峪中学的校长，我们对人对事的感受非常相似，我经常觉得自己不知不觉地越来越像她。刘校长带领老师们提炼出"崇德尚学、知行合一"的校训，总结了三条办学目标：熔炼研究型人师团队，建设学府式精神家园，培育自主性创新人才。

还有几位我已见不到的老校长。新中国成立前，武弘毅先生在一家四合院里创办了大峪中学。新中国成立后，共产党派李大钊烈士的儿子李欣华先生来接管大峪中学，在"大跃进"那个疯狂的历史时期，他依然不放弃督促孩子们认真学习，依然执着地汇聚人才、保护教师。停电了，大炼钢铁后回学校上晚自习的孩子们没有一丝骚乱，这让老校长李欣华颇为欣慰。这个故事来自一位老校友，这位校友长大后曾任门头沟区师范学校的校长，为大峪中学乃至全门头沟区培养了一批又一批优秀师资。这就是传承。

2018年寒冬，刘鸿韬校长因病离世；2021年初春，薛宝恭校长因病离世。我们几位继任者前往吊唁。面对慈爱的老校长的遗容宣读悼词时，我觉得大峪中学几任校长的内心是相通的，因为我们在不同时代面对过相同的荣耀和困苦，付出过相同的情感和拼搏。

老校长刘鸿韬（左）

老校长刘景敏（左一）、王德聪（左二）

2. 自愿留下来

门头沟区的生源流失主要发生在各学段的交接点——幼儿园入园、小学入学、初中入学、高中入学。怎样把生源流失的恶性循环转变为生源回流的良性循环？寻找推动循环转向的杠杆解！把办学质量不佳归罪于生源流失的抱怨是没有用的，向各级领导伸手索要政策的灵丹妙药是回天乏术的，根本的杠杆解是学校的自强不息，学校自发主动地用教育的办法解决教育的问题，用学校的魅力吸引学生回流。于是，我们成立了升学指导中心，郝全智老师担任主任。他把自己的QQ昵称改为"使者"，主动联络小学和大学。他积极组织各学段之间的衔接课程，耐心地辅导学段衔接期的学生和家长，取得了孩子们的喜爱和家长们的信任。更重要的是，我们帮助小学生提前了解了"大山谷学校"的文化，帮助中学生提前了解了各个大学的风格和专业方向。郝全智老师没有把升学指导中心的重心放在简单的招生上，而是放在了学业生涯指导上，这样，当我们的生源流失转化为生源回流后，我们的升学指导还可以继续深入。

要解决生源流失的社会问题，要从"简单的爱"开始。孩子们爱老师、爱同伴、爱课程，就会爱学校、爱家乡。正如刘艳华老师所言："孩子们喜欢自己所在的班集体，就会不舍得离开学校。"政治老师杜娟告诉大家，"其实孩子们对学校的期待常常很简单，咱们用心倾听，了解并努力满足他们的

小期待，孩子们就会依恋学校。"

爱同伴，爱老师，才会爱学校

孩子们初中毕业后是否选择继续在大峪中学就读？他们选择继续就读的原因常常很简单：我喜欢我的老师，喜欢我的同伴，我要继续和他们在一起。因此，学校只是一个机构，学生是通过爱老师、爱同学而爱学校的。各种丰富多彩的活动是维护同学情谊、师生情谊最好的载体，大家在活动中团结友爱，在活动中留下美好的青春回忆。

学校里所有的活动都应该尽可能让每个人都有参与机会，学校里所有的活动都应该为学生搭建青春生活的舞台，都应该是学生将来难以忘却的记忆，都应该是建设"令人难忘的学校"的组成部分。因此，德育处组织了很多学生喜欢的活动，这些活动都以"山谷"命名，例如"山谷杯"足球赛、"山谷杯"篮球赛、"山谷星光台"个人演唱赛、"山谷杯"合唱比赛等。

德育主任杨勇向全校宣布："'山谷杯'是每一个人的'山谷杯'！"确实如此，举行"山谷杯"足球赛时，全校不同班级之间互相比赛，一个秋冬赛季完成了一百场足球赛，体育教研组长高连民带领体育老师们不仅精心策划、组织了百场比赛，而且从夏到秋一直陪伴、保护孩子们。各班不仅有足球队，还有啦啦队，每一个学生都参与到活动中来。不仅体育老师人人参与做足球赛的裁判，而且班主任老师也都加入了足球啦啦队，德育处、新疆内高班等各部门的老师也都热情洋溢地参与了"山谷杯"足球赛的动员和组织。初冬的傍晚已经冷风阵阵了，刚刚获胜的穿着运动短裤的小足球运动员一边走一边兴奋地大声对我

"山谷杯"足球赛

喊:"校长,我们喜欢这样的活动!"那一刻,寒夜都被青年们的热情点燃!各班班主任老师纷纷在自己的网络空间里晒出本班足球小将们的精彩瞬间,一个个笑容绽放的孩子背后都是班主任老师关注的眼神和爱的聚焦。

无论是校园里日常的山谷杯足球赛,还是报告厅里简单的个人演唱比赛,乃至兴师动众的山野里的篝火晚会,德育主任杨勇都亲自组织,竭力调动每一个人参与。篮球赛,他上场和学生们一起比赛;唱歌比赛,他登台为孩子们唱歌;篝火晚会,他小心点燃每一簇篝火里的每一片木材,确保每个人的安全。他的辛苦将会换来今天的在校生即明天的毕业生美好的青春回忆。

迎接新学年时,德育处和各年级共同组织了一场"无声的开学典礼"。整场开学典礼没有一声口令,没有一个人讲话,全校2600名师生只是跟随音乐,凭默契完成活动。校歌响起,从高三、高二、高一到初三、初二、初一,学生逐排逐个传递大哥哥大姐姐送给小弟弟小妹妹的新学年礼物——校

无声的开学典礼

徽，每两个孩子传递时都要完成一套无声的动作——击掌问好、攥拳加油、握手传递。初一小同学都接到礼物后，高年级学长们蹲下，初一的小弟弟妹妹们跑步穿过队伍，和高三的哥哥姐姐们一起把鲜花献给老师们。最后，全校师生围坐，观看"1+3"学部的孩子们跳新学年集体舞。整个过程下来，大家在音乐声中安静愉快地迎来新学年，也共同感悟着"文明是无需提醒的自觉，上进是不用扬鞭自奋蹄"。不同年级的孩子之间拍手、握手的动作虽然简单，但是友爱在不同年龄的孩子中间流淌、传递。

我们的学校距离永定河很近，步行大约五分钟的距离。一个春天的中午，我开车出去开会，在滨河路上看到大片鲜花已经绽放，于是号召老师们"宁愿耽误一节课，也要带孩子们出来赏春花"，可爱的老师们当天下午就带领可爱的孩子们走到永定河畔。下午，学校的 QQ 群里洋溢着春的快乐：物理老师带着学生放飞水火箭，语文老师带领学生在桃树下作诗、背诗，美术老师带领学生描绘春花、春水……。晚上我散会回到学校时，正是孩子们的放学时间，很多孩子头发乱蓬蓬的、鞋子灰蒙蒙的，但是他们道别的声音特别大、特别欢快。我想：每天孩子们放学时道别声的分贝，是他们这一天的心情指数吧。

每当出现能够观测到的重要天文现象时，网名叫"牧夫"的邓颖彬老师都会带领学生登上楼顶，仰望星空。即使是寒冷的冬夜，即使在春节假日，可观星的楼顶也从来不寂寞。

2019 年 10 月，初二年级三百名师生一起参加了新中国成立 70 周年大庆的庆典活动。封闭训练阶段非常艰苦，但十一位老师与孩子们共同生活、训练的三个月使师生的心紧紧地联结在了一起。在天安门广场整夜彩排后，回到基地，每个人都疲惫至极，但是为了预防感冒，郭双老师挨个给孩子们分发姜汤，盯着孩子们喝完热姜汤再睡。有孩子连续训练中暑了，田兴跃老师心疼万分，焦急地与导演沟通，修改训练计划。有孩子生病了，杨勇老师开着自己的车送孩子去医院，回来的路上他还会带小病号到肯德基美餐一顿，以至于孩子们生病后都盼着杨老师送自己去医院。训练耽误了学习，刘建勋、张婷两位老师在训练场上把孩子们集合到一起预习新学期的功课。第一次长时间参加集体生活的孩子们不会洗衣服、不会套被罩、不会修理演出道具，崔倩倩、王柳、付婷老师自己还是没结婚的孩子，但是她们开始学着给孩子们缝衣服，细心地照料孩子们的生活。王琢、赵秀怡、张一娜老师生活经验更丰富，她们耐心地帮助孩子们提高生活自理能力。经过三个月的日夜陪伴，年级组长王小磊老师黑瘦得变了样，但是他在孩子们心里变成了既威严又慈爱的父亲。有了这样的师生感情，孩子们怎么舍得离开这所学校呢？

画春花的孩子们

爱上学，爱课程，才会爱学校

如果孩子不喜欢学校，如果家长不信任学校，抱怨或挽留都无济于事，严厉的控制政策也难以把郊区的孩子都留在郊区。我们想用教育的魅力吸引孩子，用教育的实力赢得家长的信任和托付。

　　升学指导中心的郝全智主任每年都会为本区小学六年级学生组织几个月的预备体验课程。每个星期五下午放学后，大峪中学都会派一些大客车到各小学门口去等着，愿意来大峪中学体验的孩子就可以坐车来参加我们的预备体验课程，我们称之为"周五俱乐部"。在"周五俱乐部"中，孩子们自愿选择课程，例如"地球的脾气""仰望天空""昆虫的世界""魔幻化学""物理之光""植物的奥秘""STEM 课程"等，每年老师们都会开发一些新的预备体验课程。小学生在"周五俱乐部"中提前接触了大峪中学的老师、同学和课程，他们可以据此判断自己是否喜欢这所学校，体会自己是否喜欢这所学校的同伴、老师和课程。家长们也可以提前判断他们是否赞同这所学校的办学风格和教育理念，从而决定是否把自己的孩子送到这所学校读书。同时，这些预备体验课程也帮助孩子们提前了解了大峪中学的课程文化，利于他们将来入学后更顺利地进入中学的学习和生活。

孩子们参加"周五俱乐部"自选课程

小学生参加"周五俱乐部"的科学实验活动

　　预备体验课程为盲目追求进城择校的家长和孩子提供了一个提前了解大峪中学的机会。自从我们实行预备体验课程之后，门头沟区小升初生源流失的情况有了大幅逆转，由原来每年流失一二百人，变成了每年正常流动一二十人。我们用教育的方法实现了抑制生源流失的目标。

　　大峪中学教学楼一层大厅里悬挂着一个占了整面墙的大圆盘，我们把它叫作课程摩天轮。教学主任王金杰是这个课程摩天轮的总操盘手，他带领学校教务处的老师们搭建全校的课程高速公路网。作为全校的课程指挥中心，教务处的老师们应用电子选课和排课系统，保障全校 2300 名学生和 270 名教师每个人都能各行其道，最终使教育理念落实在每个学生身上，实现每个学生都能在自己的道路上按照自己的速度朝着自己的目标不断向前发展。教务处的任飞老师推动了信息化应用于教务管理的进程，高三教学助理刘倩和初三教学助理魏春霞设计了学生选课走班的教学组织和评价模型并付诸实施，这些工作都使课程摩天轮的运转更加流畅自如。

悬挂在教学楼一层大厅的课程摩天轮

课程摩天轮的最上面写了一行字"发展每个人的天赋才华"。课程摩天轮有三个特点：一是"灵性"，课程摩天轮的中心是灵性；二是"方向"，课程摩天轮上每一条向外的射线都象征着一种天赋发展的方向；三是"选择"，在不同方向的射线上，老师们为天赋不同的孩子们开设了不同的课程，孩子们可以根据自己的情况来选择课程。让孩子们基于天赋条件和发展方向选择课程是最理智、最高效的。

　　课程摩天轮有一系列的同心圆，同心圆都以"灵性"为圆心，由内向外依次是"预备体验课程""生涯教育课程""国家基础课程""山谷志趣课程""生涯体验课程""校友回馈课程"。

　　整个圆盘分为红、黄、蓝三个颜色。蓝色是偏向理工类的课程，红色是偏向人文类的课程，黄色是偏向艺术和体育类的课程。每一个方向上都有一个尖端的课程，学校与相应的机构形成了稳固而深入的课程合作。例如，在理工方向有学校与北京航空航天大学、北京理工大学合作开发的工程师课程，在人文方向有学校与西班牙语国家大使馆合作开发的大使馆课程，在艺术方向有学校与北京服装学院合作开发的垂衣裳课程。

　　站在课程摩天轮面前，我们可以看到天赋不同的孩子得到了不同课程的支撑，他们朝着不同的方向努力，并在他们的天赋方向上得以发展。课程摩天轮上贴的每一个粉色小纸条上都有一个具体的课程名称，面对课程摩天轮，我们可以清楚地看到：有的射线上粉色纸条比较多，这说明我们为有这些天赋的孩子们提供了足够丰富的课程，有的射线上粉色纸条比较少，这说明我们还需要努力为有这些天赋的孩子们开发更多课程。面对课程摩天轮，孩子们可以选择课程，老师们可以开发课程，干部们可以平衡匹配。这个课程摩天轮使得学校的理念在教师的日常教育教学中得到呈现，并促进了孩子们的发展。

孩子喜欢自己能被人看见的学校

在教学楼的新装修即将完工的时候，我们决定把教学楼内墙全部都刷成深灰色，对此，很多人觉得不可思议。装修后，有领导到学校来检查装修成果，他半开玩笑半担忧地对我说："我真是不理解你为什么要把崭新的楼都刷成这么压抑的深灰色。"我轻松地回答："您放心，虽然现在的背景墙是深灰色，但是未来这个学校的教学楼会变得更漂亮，您下次来的时候就会为色彩绚烂的教学楼而欣喜了。"他半信半疑。

学校负责宣传的张馨老师请广告公司做了几千张海报纸，海报纸上的主体部分全都是空白的，只在纸的上下两端有一些品牌图案。这些空白的海报纸是干什么用的？张馨老师向所有年级和学科的老师发布邀请，请大家尽情领取海报纸。老师只要有了新的教学创意，就可以写在一张海报纸上，贴在学校里他喜欢的墙面上。学生读了一本书、举办了一个活动、参

学校里处处可见的海报纸

加了一次游学，都可以做一张海报贴在学校里他喜欢的地方。我们特意把学校楼道里的瓷砖高度提升了一些，这样海报纸就可以轻松地贴在这些瓷砖上，便于贴，也便于摘。很快，有着深灰色内墙的教学楼变得像博物馆一样丰富多彩。

在语文教研组长沈艳辉的带领下，语文老师们带着学生开展课外阅读，他们读《平凡的世界》《追风筝的人》《活着》……所有读了的书，学生都会把读后感绘制成一张海报纸贴在墙上。

在"教学琢磨节"上，每一位数学老师都上了一节"学会解题，更要学会解决问题"的琢磨课，老师们也把自己的课堂绘制成一张张海报，也贴在教学楼里。

学习研究指导中心的老师们组织教师开发选修课，团委组织学生开展社团活动，每门选修课、每个社团都有招募新人的海报。生涯指导中心组织孩子们规划自己的未来，让每个孩子把自己对未来的憧憬画在海报纸上。

语文老师李彩川做初中班主任的时候，班里的一个小男孩喜欢咖啡，长大了想当一名优秀的咖啡师，李老师就专门为这个男孩召开了名为"咖啡物语"的班会，请他向同学们介绍咖啡，后来这个班会也变成了一张"咖啡物语"海报，贴在了班级门口。李彩川老师担任高中班主任时，又利用每天的晨检时间，为学生开设清晨课。高一的清晨课里，每个孩子介绍自己的理想以及自己想上的大学和专业。孩子们的理想也汇聚成一张海报，贴在了班级的外墙上。

放寒假前，年级组长王朝红老师带领本年级的班主任老师组织学生结合新年祝福和学校特色，撰写春联。孩子们把这些祝福和愿望都写在海报纸上，整个年级的楼道里顿时充满了新年的喜庆气氛。

接到创建全国文明城区的任务之后，李荣副校长没有简单地请广告公司制作现成的标语和海报，而是带领各年级的学生评选自己年级的文明之星，入选文明之星的学生提供个人照片，请他的同学和老师为他写评语，然后学校为每一位文明之星制作了一张海报，贴在了墙面上。

　　越来越多的海报被张贴在楼道里，教学楼变得更加丰富多彩，这实现了我们建设学校的另一个愿景——希望这所学校里能有更多的人被看见。

3. 把城区的师生吸引到山谷中来

吸引城里的孩子来山谷中上课

　　2015年，北京市教委面向全社会征集"开放性科学实践活动"的资源和方案。我敏感地察觉到这是把山谷资源推介给城区教育的好机遇，也是我们呼唤"教育的逆城市化"的好机遇。于是，以往开发过山谷课程的老师们连夜聚集在学校大会议室里，开始总结、撰写项目方案，跃跃欲试地想"让城里的孩子爱上山谷课程"。2015年一个盛夏的深夜，北京市教育科学研究院创新人才培养办公室张毅主任带领各领域的专家在大峪中学指导工作，不放过每一个细节，8月26日，北京市教委在大峪中学召开初中"开放性科学实践活动"项目研讨会，市教委李奕副主任在现场会上号召各行各业共同"建立教育的统一战线"。

北京市教委在大峪中学召开初中"开放性科学实践活动"项目研讨会

2015 年 8 月，北京市教委副主任李奕、门头沟区副区长李昕、门头沟区教委主任李永生现场查看我们用大巴车改造的"山谷实验室"

来自门头沟区的 200 名学生依托动手实践任务单开展科学实践活动

经过严格的专家评审，大峪中学的 10 个实践活动方案获得批准，全北京市的学生都可以自愿选择到山谷里来上课，并且获得相应的学分，记入中考成绩。

每逢周六日，各城区的学生和家长兴致勃勃地来到大山谷参加实践活动，大山谷里的老师们不辞辛苦地带领一批批学生走进山谷。

"京西古道探秘"实践活动是美术学科的褚玉珍老师牵头开发的，她和历史老师张超、董凤芹，地理老师田文颖，语文老师赵秀莲等，一起带着来自各区县的孩子们走上京西古道。

活动时，所有选这门课的学生都先到大峪中学集合，再一起坐大巴车前往水峪嘴村，在途中，老师对整个活动内容进行说明，学生根据个人的爱好选择自己的观察任务、确定观察主题并准备好笔记本，老师分发相关材料和卫星定位仪等相关仪器，然后统一乘车到行程起点水峪嘴村。

师生从水峪嘴村出发，翻越牛角岭关城，到西落坡村。教师引导学生沿途边观察边思考京西古道线路的选择与地形的关系；观察京西古道的宽度、建筑材料、工程技术，思考牛角岭关城的功能，并与现代交通进行比较，形成因地制宜的人地观。

在牛角岭关城的下方，有一段砂岩古道，由于长期被马蹄踩踏，形成深深的蹄窝，成为京西古道的一大奇观。教师引导学生对岩石的岩性进行观察，区分岩石的类型，观察和推断沿线的地质构造。

京西古道实地考察

　　牛角岭关城是该段古道上重要的历史遗存，这里有一块"永远免夫交界碑"，记述了清末政府为了减轻徭役，促进古道繁荣发展所采取的措施。教师引导学生对京西古道的历史、用途进行探究。

　　大家走进马致远故居，集体诵读《天净沙·秋思》，结合故居周围的景色，结合京西古道，理解曲调的意境，并进行元曲的仿写，欣赏古道剪纸作品，并在老师的指导下进行剪纸创作。

　　最后，师生乘车返回大峪中学，教师进行简单的总结，孩子们进一步完善主题探究，展示艺术创作的作品。

　　一路交流，一路探索，城里的孩子跟着山谷里的老师探索京西古道作为煤道、商道、军道、香道、步道的历史意义。孩子们在马致远故居吟诵《天净沙·秋思》——"枯藤老树昏鸦，小桥流水人家，古道西风瘦马。夕阳西下，断肠人在天涯"，细细品味它的意境。孩子们的仿写作品也异彩纷呈，例如《天净沙·古道》——古壁矮马旧道，寺庙关卡祈祷，山坡清泉红枣。马路边上，谈笑举旗风潇。再如《天净沙·秋》——古树枫叶云淡，小舟人家远岸，枯枝微风尤变。萧瑟秋染，一叶知静花寒。

　　师生共同创作的《京西古道》《马致远故居》等剪纸作品也成为这项开放性科学实践活动的代表作品。

师生共同创作的剪纸作品《京西古道》

吸引城里的老师来山谷中教研

　　2013 年，门头沟区教委主任李永生老师坐在他简陋的办公室里，热情洋溢地向我介绍门头沟区教育发展的宏伟蓝图和有力举措。他对教育事业的热情感染了我，他的坚毅果敢给了我信心和勇气，他的真挚诚恳使我萌生了回报知遇之恩的愿望。作为一个小知识分子，我自知没有太大本事，却能生逢

时任门头沟区教委主任李永生

伯乐，并且还能有用武之地，实在是一件幸运的事，对此我深怀感激。

石景山区和门头沟区其实仅仅是一河之隔，我的老同事和老朋友们来看望我时，都惊叹：门头沟区并不远啊！沿着莲石路或阜石路开车过来，一路没有红绿灯，畅通无阻啊！

从另一方面看，虽然仅是一河之隔，门头沟区的教育理念、教育方式、教育效果和城区相比确实存在不小的差距。我们不仅需要莲石路、阜石路、长安街延长线这样的实体快速路，还需要学术、专业、业务联系的信息快速路。如果我们能够搭建起大山谷与北京市核心业务圈的信息快速路，山谷教育的崛起指日可待！

我们在山谷里教书，最怕自己故步自封，因为在山谷这种相对闭塞的环境里，不容易及时感受到外界日新月异的变化。如果环境早已变化了，自己早已落后了，但还不自知，那是非常令人惶恐的。因此，山谷里的教师更要主动地与城市教研核心建立联系，保持不断与外界进行信息资源共享的专业发展环境，即"保持呼吸"，同时在与城区教师共同教研的过程中，积极介绍、宣传、展示自己的专业探索，争取与城区教师之间建立平等的对话平台，形成自己有力量的专业话语权。

北京市教研员对大峪中学进行集体视导时，学校里的干部、教师都非常高兴。大家不仅没有因检查工作而感到焦虑，相反，大家都非常珍惜这次向北京市教研核心团队展示和请教的好机会。教学主任王金杰把迎接视导的重心放在了"建设业务联系网"和"建设专业圈"上面。他恭敬地向每一位市教研员呈上了一张聘书，聘书背后用心地抄写了大峪中学学科教研组长和几位青年教师的电话号码。当天教研员听完课之后，每个学科教研组长都带领全组教师一起与教研员座谈、交流。愉快的专业交流加深了彼此的印象，在市教研核心团队与郊区教师之间搭建了畅通的"教研信息高速公路"。自此以后，各学科市教研员经常到大峪中学听课指导，大峪中学的老师们也有了更多机会参加北京市核心专业圈的研究讨论和比赛。

语文学科市教研员夏宇、连中国老师带领其他区县的教师来大峪中学参加《论语》阅读研讨会。数学学科市教研员黄炜老师组织三区初中数学教师在大峪中学开展联合教研，吴利琴和姬生苓老师向同行们展示了教学研究的成果。政治学科市教研员刘媛老师非常赞赏大峪中学的"迈出教材半步，创建点捻儿课堂"的教学思路，始终关注、指导着大峪中学政治学科的"山谷课堂"。大峪中学政治学科不断推出更加新颖的实践课程，例如，学科教研组长赵红梅带领学生访问农民企业家，了解"什么样的叶子可以成为茶"；特级教师徐宝贵邀请中央民族大学的专家带领学生研究"潭柘寺的文化传播"；青年教师刘明带领学生走访调查大峪二小门前的一条街，体验"疏解整治促提升"的价值判断方法。

2019年，北京市把学科实践活动成绩计入中考总分。北京市政治学科教研员组织全市政治教师在大峪中学参加政治学科实践活动的现场会。大峪中学政治组全体教师倍感振奋，大家分头筹备，努力展示山谷教育的实施过程和成果。赵红梅老师向全市同行介绍了大峪中学"国家课程活动化，实践活动课程化"的案例和经验，徐宝贵老师展示了"京西古道文化巡礼"主题实践活动课，刘明老师带领学生探讨了门头沟区炭厂村从"一盆火"到"一片绿"的绿色经济转型的哲学思考。李杨、李鑫、石秀娟、闻海东老师组织师生听讲座、访古村、走古道，开展拓展学习和实践活动。

政治特级教师徐宝贵总是保持着不懈努力的专业探索精神，他决定要研究京西古道上的古村落后，就开始一遍一遍地探访古村落，自己去、和同事一起去、带学生一起去、邀请专家一起去……每一个研究都历经波折。记得第一次走访古村落回来后，徐老师略显沮丧地给我发微信，发了几张学生在古村落的照片之后，他感叹道："看来研究名单里只能去掉杨家峪村了，因为这个村已经空了，完全没有人住了。"我也感到惋惜。之后，我常常看到徐老师在没课的时候，自己开着私家车反复进山勘察，我知道他在一个村落一个村落地考察。京西古道串起很多古村落，如三家店村、琉璃渠村、石古岩村、千军台村、苇子水村、碣石村、灵水村、西胡林村、马栏村、爨底下村、燕家台村、沿河城村等。看着徐老师走访古村的历程，我既敬佩也心疼，但我也知道每一个真正能够成就事业的人都会经历这种焦灼。几天之后，徐老师兴奋地发来新的教学方案，他把古村落"空心化"作为研究课题，并为这"柳暗花明又一村"而欣喜。

为了把京西古道研究得更加深入，政治教研组的全体教师多次进山寻访。大家一起去古村落文化研究专家张云涛老师家里拜访，一起邀请市区教

师生在灵水村开展古村落调查

研员刘媛老师、韩娟老师和政治学科的教学专家帮忙反复磨课。

徐老师几易其稿，教学设计日益成熟，课题名称确定为"足迹留古道，乡愁记心田——'京西古道文化巡礼'主题实践活动课"，全课分为三个阶段。

第一阶段：乡愁，是老屋顶上的炊烟。

通过对古村落里"物"的观察，引导学生讨论"要残垣断壁，还是要修旧如旧"，进而思考"那抹乡愁是财富，还是包袱"；引导学生"品传统文化魅力，守传统文化根基"，对家乡古村落里的传统文化进行价值判断。

第二阶段：乡愁，是乡亲口里的土语。

通过对古村落里"人"的观察，引导学生讨论"应该唤回原著居民，还是应该引入'外来和尚'"，进而为京西古道旅游开发出谋划策，引导学生"尊文化传承主体，寻文化创新之路"，对家乡古村落里的传统文化继承方式进行选择。

第三阶段：乡愁，是一枚小小的邮票。

通过对古村落的"情"的表达，引导学生制作"古道邮票（即家乡名片）"，进一步体会京西古道的文化价值及现实意义，引导学生"立文化自觉之志，树文化自信之情"，继承家乡的传统文化。

三个教学环节都从"见微而知著"的角度展开，通过核心问题链引导学生思维，链接教材内容，实现课程目标。

全市同行和师生一起寻访京西古道的过程，既是学生继承家乡传统文化的过程，也是教师重新发现山谷教育价值的过程。

师生寻访古村落

4. 我来自"大山谷学校"

随着学校品牌文化的建立和不断发展,"大山谷学校"的标签不再令我们感到难堪,相反,它成为让我们骄傲的名片。每当师生登上一个新的舞台时,他们都会自豪地介绍自己:"我来自'大山谷学校'!"

从山谷走上科技创新大赛的领奖台

2017 年,北京市青少年科技创新大赛的颁奖仪式令我们倍感振奋。颁奖仪式结束后,我和三个获奖的孩子合影留念。他们三个中,两个是学生,一个是儿子。从初一到高三,孩子们都已经长大了,他们胸前金灿灿的奖牌见证了山谷教育的成果。

陶术研老师是北京市综合实践学科的特级教师,非常擅长指导学生参加科技创新活动,在这次大赛中,他指导的四个课题分别获得一等奖和二等奖。多年来,他带领孩子们

特级教师陶术研(左二)和获得金奖的
两名学生在颁奖大会后合影

在德国纽伦堡国际发明展中获得金奖的学生

参加北京市青少年科技创新大赛、北京市金鹏科技论坛、德国纽伦堡国际发明展，多次获奖，最高获得国际发明金奖。无论在哪里，孩子们答辩时首先会自豪地介绍"我来自'大山谷学校'"，然后向评委们介绍自己对大山谷的探索和研究。在中学教师、科研专家和学生家长的共同指导下，孩子们的课题都充满了山谷气息，例如付浩同学的"叶片结构对植物光抑制梯度的影响"，张亚昕同学的"百里香化感物质在生物农药中的应

肖壮同学获得五项实用新型专利证书

用"，安家宝同学的"生物黑炭对土壤小动物生存环境的影响"。身残志坚的肖壮同学在高中三年获得了五项实用新型专利。

这几年儿子跟着我们在郊区居住，他也在大山谷里发现了自己感兴趣的课题"用玫瑰茎制备多孔炭及其在环境净化中的应用研究"，经过一次次上山采集样品，一次次实验室制备，他最终获得了"明天小小科学家"的称号。我记得我的老师王能智曾经对我说过："真心做教育的人是敢拿自己的儿子做教育实验的。"这个研究玫瑰茎的小男孩验证了我家校合一的教育理念。

从山谷走上教育理念的宣讲台

在高中新课程改革的背景下，北京市开展了"祥云行动"培训，我有幸在高中德育培训中，面向全市宣讲"山谷育德"，在北京市中考改革培训中，面向全市宣讲"山谷相生，自然天成"。通过国培计划、扶贫计划等项目，全国各地的教育同行陆续来大峪中学参观。学校干部以讲座的形式向同行介绍了我们的探索，教师在课堂上向同行展示了我们的教学主张。观摩的老师们留下了一段段赞美的话语和一篇篇赞赏的文章。每一次讲座的开篇都是"我们的学校因为坐落在北京市的母亲河永定河河谷而得名'大山谷学校'，我们的学校进可繁华、退可清幽"。

《北京教育》杂志王雪莉主编潜心帮我们提炼大峪中学的山谷教育品牌，并连续三期发表了我们的系列文章。原北京教育学院副院长杨志成专门以北京市大峪中学的山谷教育为例，撰写了《基于教育哲学的品牌学校发展》一文，肯定了大峪中学"山谷相生，自然天成"中所蕴含的教育哲学。

老师们积累了大量生动的、令人难忘的教育案例。大家把这些案例汇总起来，形成山谷课程系列图书，其中有刘立地等老师的《倾听岩石的诉说》、高瑞焱等老师的《右拇家族奇遇记》、陶术研等老师的《绿野芩踪》和《神探是怎样炼成的》、陈鲲等老师的《废秸秆在大山谷中的旅行》、邵正亮等老师的《妙峰玫瑰》。《北京教育》《现代教育报》《中国德育》等报刊大量报道了大峪中学的山谷课程和山谷书院的建设过程。

从山谷走上世界交流的舞台

全校师生从山谷走向世界的脚步始终没有停止。孩子们每个月都去北京的使馆区，走进一个大使馆，了解一个国家；每个寒暑假，孩子们都自愿参加去世界各地的游学，他们去北极看冰川、去澳大利亚看热带雨林、去欧洲体验漂流、去美洲体验异域文化；学校和越来越多的世界各地的友好学校建立了联系，瑞典、丹麦、斯里兰卡、巴拿马、阿根廷等国家，都有了我们的国际友好学校。

怎样使友好学校之间的联系更加深入？副校长吕娜带领外语教师王家璇、生物教师孙红泽等通过网络和巴拿马等国的友好学校的教师联系，与不同国家的教师共同开发语言、艺术、科技课程。

大峪中学与国际友好学校之间的合作日益深入。喜爱美术的孩子们带着

与斯里兰卡师生友好交流

自己设计制作的中国传统蓝染服装到瑞典舍夫德高中进行服装秀表演，合唱团的孩子们唱着拉美各国国歌参加各种重大外事活动，喜欢西班牙语的孩子们朗诵着聂鲁达的诗歌迎接智利总统访华。

大峪中学开设了西班牙语课，师生还通过大使馆课程和阿根廷大使馆建立了深厚的友谊。孩子们在大使馆踢足球、吃烤肉、学种植。两国虽然远隔重洋，但也实现了师生互访。2017 年，阿根廷总统携夫人访华，在此期间，全国政协副主席马培华和阿根廷总统马克里共同为大峪中学成为中国—阿根廷友好学校揭牌，为我们从山谷走向世界的历程掀开了新的篇章。

为了迎接 2022 年北京冬奥会，孩子们在"冬奥有我"主题活动中，联合世界各地友好学校的同学们共同设计制作了具有浓郁的世界各地风格的丝巾，并且把丝巾变成服饰，走上 T 台展示自己的设计成果。在北京服装学院贾荣林、李栋、孙雪飞等专家的指导下，在冬奥组委专职副主席韩子荣等专家的支持下，吕娜、贾茹、王娜、褚玉珍等几位老师带领学生创作出大量生

冬奥组委专职副主席韩子荣、门头沟区委书记张力兵出席"冬奥有我"主题活动

动的作品。丹麦友好学校的师生来到大峪中学参加创作,大峪中学的学生飞到巴拿马、阿根廷和友好学校的学生携手创作,瑞典、斯里兰卡的学生通过网络和大峪中学的学生共同创作。展演时,门头沟区委书记张力兵带领各级领导亲临现场为孩子们助阵,冬奥组委专职副主席韩子荣热情赞扬了师生们的共同探索,一场迎接冬奥会的活动如同彩色的丝带,让山谷与世界共舞!

当师生与世界各地友好学校进行交流时,大山谷学校早已不再是自卑的乡村学校,而是符合世界绿色环保潮流的时尚学校了。

附　录

"山谷中的一所学校"的困境与突围——从封闭走向开放

主题	优势	困境	突围	案例
文化	"山里人"诚信勤勉的价值观	封闭的自然和人文环境导致信息闭塞，进而导致文化不自信	构建"山谷相生，自然天成"的山谷教育品牌文化体系，建立文化自信	第一章　4.寻找学校的天赋 第六章　1.为母校而骄傲 第六章　2.自愿留下来 第六章　3.把城区的师生吸引到山谷中来 第六章　4.我来自"大山谷学校"
课程	山水自然是教育教学的资源库、案例库、问题库	在急于追求升学率的压力下，课程结构简单枯燥	构建"山谷课程"体系，开发区域教育资源	第三章　1.山谷里的中草药 第三章　2.田野里的秸秆 第三章　3.高山上的玫瑰 第三章　4.岩石的述说 第三章　5.溪流的欢歌
课堂	山区住宿学生比例较高，因此课时量多；课堂教学扎实认真	教学内容简单陈旧，教学方式简单刻板，优质教学资源匮乏	倡导"迈出教材半步，创建点捻儿课堂"，推动"山谷课堂""点捻儿课堂""未来课堂""文献课堂"建设	第五章　1.透亮儿 第五章　2.迈出教材半步 第五章　3.创建点捻儿课堂 第五章　4.自主超前的愿望 第五章　5.看到同伴的脸 第五章　6.为未来而学 第五章　7.细诊断，巧治疗 第五章　8.青山出璞玉，谷中琢大器

主题	优势	困境	突围	案例
教师	1."自循环"的师资培养方式，即本校高师预备班学生大学毕业后回母校任教，成为稳定的骨干力量 2.依靠郊区人才引进政策，不断引进外省市硕博士毕业生、高级教师、特级教师	1.远离城市的核心教研圈，教师的教育视野、学术视野、社会视野封闭、狭窄 2.远离专业的科研和实践领域，教学纸上谈兵，知识缺乏活力	1.搭建"信息高速公路"，拉近教师与北京市核心教研圈的时空距离、专业距离、心理距离和情感距离 2.鼓励教师"做半个专业工作者"，带领学生触摸科研前沿，走进实践领域	第一章 3.用"松绑"解放学校 第四章 2.教师专业发展的"两翼" 第四章 6.和大学交朋友
学生	山谷里长大的孩子身心健康、待人诚恳、作风朴实、学习努力	由于缺少优质多彩的生活体验和拓宽学习视野的机会，学生知识面狭窄，思维灵活性不足	1.以"发展每个人的天赋才华"为宗旨，组织丰富多彩的学生活动 2.培养"朴质方正，灵动清澈"的山谷学子，研究使学生更"透亮儿"的教育教学方法 3.通过走进山谷、走出山谷、走向世界，帮助学生开阔视野	第二章 1.可以吃的树叶 第二章 2.大石头上的演唱会 第二章 3.山里有座城 第二章 4.男女生第一次手拉手跳集体舞 第二章 5.自愿上战场的马栏青年 第四章 1.山的孩子去上海的课程 第四章 3.走进科研生活 第四章 4.山谷里见不到外国人 第四章 5.在山谷遇见未来 第四章 7."自驾"游学 第四章 8.千万别急于出发

续表

主题	优势	困境	突围	案例
家庭	务农出身的家长朴质实在，信任教师，把孩子的学习全权托付给教师，较少质疑或干预教师和学校的教育	由于父母文化水平低，视野狭窄，导致家庭教育对孩子的早期开发不足，教养方式粗放，对孩子的期待水平低	1.通过"家风家训"系列活动，连通家庭与学校，构建共同的话语系统 2.通过"山谷家庭创造营"，走进学术话语系统，提升家庭文化资本	第一章 1.生源流失之痛 第四章 3.走进科研生活
区域	1.在熟人社会体系下，民风淳朴，治安稳定，对青少年造成不良影响的社会因素较少 2.作为本土中学，很多优秀校友在本区各行各业工作，学校能得到深厚而广泛的社会支持，在区域内受到各界各级领导的关注和支持	1.人口结构单一，师生社会交往的范围有一定的局限性 2.经济文化发展水平低，导致文化生活、经济生活较为单调	鼓励师生积极参与区域社会生活，通过推荐优秀教师参选党代表、人大代表、政协委员等方式参与社会生活，宣传教育成果，建立区域教育自信，促进学校与社区积极互动、共同成长	第一章 2.眼珠子，心尖子

山谷学校最大的问题是"封闭"，最重要的破解之道是"开放"！

走向未来

　　逆城市化是城市发展的必然阶段。近年来，北京市不断出台各项扶持郊区教育的政策，大峪中学的教师队伍、生源结构、硬件设施都日渐向好，让我们对"大山谷学校"的未来产生了无限遐想和憧憬。

　　学校艺术中心副主任、舞蹈教师孙惠君要退休了，她在门头沟区艺术教育战线上工作了三十五年，组织了一场场令人难忘的学生活动，培养了一批批优秀的毕业生。我们送给她什么样的礼物才能表达对她的感谢呢？在区委、区政府、区教委的大力支持下，贾茹、魏逢、肖乃文等老师邀请专家带领学生共同编排了舞剧《山谷

歌颂山区教师的校园舞剧《山谷幽兰》

幽兰》。这部舞剧是以孙惠君老师为原型创作的，并以此赞颂所有扎根山谷、奉献山谷的山区教师。

新一轮的干部竞聘开始了，一批年轻的同志走上了干部岗位。为了调动更多青年教师的积极性，我们还设计了培训岗位，为更多优秀青年教师提供施展天赋才华的机会，让他们分别担任教研组长、年级组长、部门主任的小助理，跟着自己的师傅建设更加崭新的山谷书院。我对青年教师说："'大山谷学校'一定要建成一个开放系统，一定要不断与山谷外进行物质和能量交换。青年教师参与学校管理，就是为了发挥年龄优势，带领学校更快地走向未来。"如果说过去八年，我和学校的干部、教师、学生共同完成了八年前我们对这所学校的规划，那么下一个五年就需要更多的青年干部、青年教师来创设他们心中的学校愿景，并努力实现这个愿景。

青年教师希望建设一所什么样的学校呢？八年前，我问当时的德育主任杨勇："你想建设一所什么样的学校？"他回答说："我想建设一所令人难忘的学校！"为此，他开展了大量丰富多彩的活动，把母校的温暖送入了每个学生的心里。我问今天的团委书记齐凯："你想建设一所什么样的学校？"她说："我想建设一所学生自己的学校！"于是，她带领学生会和团委成员一起建设学生自主管理、自己喜爱的学校。

师生正在从今天走向未来。王金杰成为教学副校长了，他主持开发的课程摩天轮运转日益顺畅。在信息技术专业教师郝金宇和任飞的技术支持下，四十余名青年教师组建了"未来课堂"攻坚团队。体育教师张长军开展了一个又一个课题研究,利用现代训练方法增强学生体质。几乎每周都有青年教师尝试使用传感器等设备和现代信息技术上研讨课。特级教师陶术研和他的徒弟孙红泽老师一起带领学生继续开发潭柘寺主题山谷课程。清华大学博士后出站的周帅老师在课堂教学中引入文献法,提高了学生的自主研究能力。

师生正在共同从山谷走向世界。新中国成立 70 周年之际,大峪中学三百名师生在天安门广场参加了联欢晚会的演出。在北京即将举办冬奥会之际,孩子们的"冬奥有我"主题服装展演登上了冬奥组委会的舞台。

全校教师站在不同的岗位上,看到了共同的山谷教育愿景。大家分别从自己的视角来看这个共同的愿景,并且为实现这个愿景贡献自己的力量。我们在学校倡导"因发现而欣赏、因陪伴而亲密、因尊重而领导"的管理文化,无论是教师对学生的管理,还是干部对教师的管理,都是在彼此欣赏、互相陪伴、互相尊重中,用愿景照亮每个人的心灵,努力实现每个人心中的愿景。

本书是我在北京师范大学教育家书院的研修作业,也是我主持的北京市规划课题"提升远郊区县中学教师教育创新能力的实践研究"的核心成果,更是我攻读清华大学教育博士的学习起点。写作这本书时,我正在北京师范大学教育家书院享受珍贵的研修时光,每一个讲座、每一次研讨都为我注入了丰沛的营养,顾明远先生、郭华教授、袁桂林教授等专家都给了我坚实且充满智慧的教育力量。写作过程中,郭华教授亲自帮我字斟句酌地修改。付梓之前,恰逢我开始攻读清华大学教育研究院教育博士，感谢我的学术导师张羽教授和联合导师李奕老师的热情鼓励。感谢北京教育科学研究院教育发展研究中心副主任高兵在门头沟区挂职期间对课题及书稿的深入指导。感谢北京市、门头沟区历任领导不断为我们的山谷书院添砖加瓦、加油打气。感谢教育科学出版社刘灿主任和何薇老师用心的点拨和细致的修改。书中插图大多来自大峪中学黎超、陈琪两位老师和媒体朋友们，吕娜、孙慧君、白璐等老师帮我做了文字校对等工作，感谢他们对我的支持。

与教育家书院的导师和同学们在一起

出 版 人　李　东
责任编辑　何　薇
版式设计　宗沅书装　孙欢欢
责任校对　白　媛
责任印制　叶小峰

图书在版编目（CIP）数据

山谷中的一所学校／曹彦彦著．— 北京：教育科
学出版社，2021.4（2023.4重印）
（教育家书院丛书／顾明远主编．研究系列）
ISBN 978-7-5191-2426-7

Ⅰ．①山… Ⅱ．①曹… Ⅲ．①乡村教育－中学教育－
教育研究－中国 Ⅳ．① G725

中国版本图书馆 CIP 数据核字 (2021) 第 011500 号

教育家书院丛书·研究系列
山谷中的一所学校
SHANGU ZHONG DE YI SUO XUEXIAO

出 版 发 行	教育科学出版社				
社　　　址	北京·朝阳区安慧北里安园甲 9 号		邮　　　编	100101	
总编室电话	010-64981290		编辑部电话	010-64981277	
出版部电话	010-64989487		市场部电话	010-64989009	
传　　　真	010-64891796		网　　　址	http://www.esph.com.cn	
经　　　销	各地新华书店				
制　　　作	宗沅书装				
印　　　刷	保定市中画美凯印刷有限公司				
开　　　本	720 毫米 ×1020 毫米　1/16		版　　　次	2021 年 4 月第 1 版	
印　　　张	14.5		印　　　次	2023 年 4 月第 3 次印刷	
字　　　数	158 千		定　　　价	48.00 元	